中华人民共和国行业推荐性标准

公路隧道通风设计细则

Guidelines for Design of Ventilation of Highway Tunnels

JTG/T D70/2-02—2014

主编单位：招商局重庆交通科研设计院有限公司
批准部门：中华人民共和国交通运输部
实施日期：2014年08月01日

人民交通出版社股份有限公司

图书在版编目（CIP）数据

公路隧道通风设计细则：JTG/T D70/2-02—2014／招商局重庆交通科研设计院有限公司主编. — 北京：人民交通出版社股份有限公司，2014.7

ISBN 978-7-114-11546-2

Ⅰ．①公⋯ Ⅱ．①招⋯ Ⅲ．①公路隧道—隧道通风—设计标准—中国 Ⅳ．①U459.2-65

中国版本图书馆 CIP 数据核字（2014）第 154241 号

标准类型：	中华人民共和国行业推荐性标准
标准名称：	公路隧道通风设计细则
标准编号：	JTG/T D70/2-02—2014
主编单位：	招商局重庆交通科研设计院有限公司
责任编辑：	李 农
出版发行：	人民交通出版社股份有限公司
地　　址：	(100011) 北京市朝阳区安定门外外馆斜街 3 号
网　　址：	http://www.ccpress.com.cn
销售电话：	(010) 59757973
总 经 销：	人民交通出版社股份有限公司发行部
经　　销：	各地新华书店
印　　刷：	北京市密东印刷有限公司
开　　本：	880×1230　1/16
印　　张：	8.5
字　　数：	193 千
版　　次：	2014 年 7 月　第 1 版
印　　次：	2020 年 4 月　第 4 次印刷
书　　号：	ISBN 978-7-114-11546-2
定　　价：	70.00 元

（有印刷、装订质量问题的图书，由本公司负责调换）

中华人民共和国交通运输部

公　告

第 34 号

交通运输部关于发布《公路隧道照明设计细则》和《公路隧道通风设计细则》的公告

现发布《公路隧道照明设计细则》(JTG/T D70/2-01—2014)和《公路隧道通风设计细则》(JTG/T D70/2-02—2014),作为公路工程行业推荐性标准,自 2014 年 8 月 1 日起施行。原《公路隧道通风照明设计规范》(JTJ 026.1—1999)同时废止。

《公路隧道照明设计细则》(JTG/T D70/2-01—2014)和《公路隧道通风设计细则》(JTG/T D70/2-02—2014)的管理权和解释权归交通运输部,日常解释和管理工作由主编单位招商局重庆交通科研设计院有限公司负责。

请各有关单位注意在实践中总结经验,及时将发现的问题和修改建议函告招商局重庆交通科研设计院有限公司(地址:重庆市南岸区学府大道 33 号,邮政编码:400067),以便修订时研用。

特此公告。

中华人民共和国交通运输部
2014 年 7 月 14 日

交通运输部办公厅　　　　　　　　　　　　　　2014 年 7 月 16 日印发

前　言

根据交通部交公路发〔2007〕378号《关于下达2007年度公路工程标准制修订项目计划的通知》，由招商局重庆交通科研设计院有限公司承担《公路隧道通风、照明设计细则》的编制工作。

《公路隧道通风照明设计规范》（JTJ 026.1—1999）自2000年6月1日发布实施以来，作为交通行业公路隧道通风设计有关的首部专业规范，对保障我国公路隧道运营安全、推进公路隧道通风科技进步和规范设计行为，均起到了重要作用。随着我国近十余年来公路隧道规模的扩大、公路隧道种类的增多，公路隧道建设与运营管理积累了较多经验；同时，汽车工业技术进步使得其污染物排放总体呈下降趋势；通风有关技术与产品性能得到提升。本细则是在总结近年来工程实践经验和科研成果的基础上进行编制的，综合考虑了我国公路隧道运营通风技术发展趋势和隧道建设现状，积极采纳了新理论、新技术和新方法，并借鉴了国外公路隧道通风的成功经验和先进技术，对《公路隧道交通工程设计规范》（JTG/T D71—2004）及《公路隧道通风照明设计规范》（JTJ 026.1—1999）中涉及公路隧道通风的相关要求进行了全面修订和扩充，现经批准后以《公路隧道通风设计细则》（JTG/T D70/2-02—2014）颁布实施。

本细则由12章和5个附录构成，即：1 总则、2 术语和符号、3 通风规划与调查、4 通风方式、5 通风标准、6 需风量、7 通风计算、8 风道、9 风机房与通风井、10 隧道火灾防烟与排烟、11 风机的选型与布置、12 通风控制设计原则、附录A 沿程阻力系数、附录B 弯曲与折曲风道压力损失系数、附录C 隧道与风道的其他压力损失系数、附录D 流体力学中常用单位及单位换算、附录E 通风计算举例。

与《公路隧道通风照明设计规范》（JTJ 026.1—1999）相比较，本次编制在通风标准、通风方式、通风计算参数等方面有修改完善；补充完善了通风规划与调查、隧道火灾防烟与排烟、风道、风机房与通风井、风机选型与布置等方面内容。

请各有关单位在执行过程中，将发现的问题与意见，函告本细则日常管理组，联系人：涂耘（地址：重庆市南岸区学府大道33号，邮政编码：400067；电话：023-62653440，传真：023-62653078；邮箱：tuyun@cmhk.com），以便下次修订时研用。

主 编 单 位：招商局重庆交通科研设计院有限公司
参 编 单 位：重庆交通大学
　　　　　　浙江省交通规划设计研究院

长安大学
西南交通大学

主　　　编：蒋树屏

主要参编人员：涂　耘　屈志豪　王晓雯　吴德兴
　　　　　　　谢永利　王明年　邓　欣　李伟平
　　　　　　　王亚琼　陈建忠　李　科　王少飞
　　　　　　　周　健　王小军

目　次

1 总则 ··· 1
2 术语和符号 ·· 4
　2.1 术语 ·· 4
　2.2 符号 ·· 5
3 通风规划与调查 ·· 7
　3.1 通风规划 ·· 7
　3.2 通风调查 ·· 11
　3.3 交通量 ··· 12
4 通风方式 ·· 15
　4.1 通风方式的选择 ··· 15
　4.2 隧道通风要求 ·· 20
5 通风标准 ·· 23
　5.1 一般规定 ·· 23
　5.2 烟尘设计浓度 ·· 24
　5.3 一氧化碳（CO）和二氧化氮（NO_2）设计浓度 ································· 26
　5.4 换气要求 ·· 28
6 需风量 ··· 29
　6.1 一般规定 ·· 29
　6.2 稀释烟尘需风量 ··· 30
　6.3 稀释 CO 需风量 ··· 32
　6.4 隧道换气需风量 ··· 35
7 通风计算 ·· 36
　7.1 一般规定 ·· 36
　7.2 隧道自然通风力 ··· 37
　7.3 隧道交通通风力 ··· 39
　7.4 隧道通风阻力 ·· 41
　7.5 全射流纵向通风方式 ··· 42
　7.6 集中送入式纵向通风方式 ··· 43
　7.7 通风井排出式纵向通风方式 ·· 45
　7.8 通风井送排式纵向通风方式 ·· 50
　7.9 吸尘式纵向通风方式 ··· 55

7.10	全横向和半横向通风方式	57
8	**风道**	**63**
8.1	一般规定	63
8.2	主风道	65
8.3	连接风道	67
8.4	送风孔与排风孔	67
8.5	送风口与排风口	68
8.6	风阀	69
9	**风机房与通风井**	**71**
9.1	一般规定	71
9.2	地表风机房	71
9.3	地下风机房	73
9.4	通风井	75
9.5	通风塔	77
10	**隧道火灾防烟与排烟**	**80**
10.1	一般规定	80
10.2	隧道火灾排烟	82
10.3	隧道排烟风机	86
10.4	逃生通道、避难所的防烟	86
10.5	隧道内附属用房的防烟与排烟	87
11	**风机的选型与布置**	**88**
11.1	一般规定	88
11.2	射流风机的选型与布置	88
11.3	轴流风机的选型、布置与风量调节	92
12	**通风控制设计原则**	**95**
12.1	一般要求	95
12.2	隧道火灾工况下的防烟与排烟控制	96
附录 A	**沿程阻力系数**	**98**
附录 B	**弯曲与折曲风道压力损失系数**	**99**
附录 C	**隧道与风道的其他压力损失系数**	**105**
附录 D	**流体力学中常用单位及单位换算**	**109**
附录 E	**通风计算举例**	**111**
本细则用词用语说明		**127**

1 总则

1.0.1 为贯彻国家技术经济政策，统一公路隧道通风设计标准，指导公路隧道通风设计符合科学合理、经济安全、利用高效的原则，为隧道运营提供通风技术依据，制定本细则。

条文说明

十余年来我国公路隧道建设规模逐步扩大，公路隧道建设与运营积累了较多经验，相关技术也得到提升；同时，汽车工业技术的进步使得其污染物排放总体呈下降趋势；通风有关产品的性能较过去也有所改进。因此，需要针对通风技术进步、汽车工业技术现状等制定适宜的设计标准。

1.0.2 本细则适用于高速公路、一、二、三、四级公路的新建和改建山岭隧道。

条文说明

本细则是以各级公路山岭隧道为主要对象进行编制的。其他隧道，如水下隧道、城市隧道与山岭隧道，在通风方式、通风计算等方面无根本区别，主要区别在于通风标准不同。

1.0.3 公路隧道通风应纳入隧道总体设计。

条文说明

隧道通风是隧道总体设计的重要组成部分，与隧道长度、纵坡等密切相关，隧道长度增加、纵坡增大会导致通风系统规模增大，运营养护费用相应增加。长、特长隧道涉及的风机房、通风井的设置与隧道地形、地质条件相关，选址不当会使建设费用大幅增加。因此，通风设计应纳入总体设计，由路线、结构、地质、通风等多专业工程师共同进行方案比选，使工程总体造价与风险最小化，并降低后期运营费用。

1.0.4 公路隧道通风设计应根据公路等级、隧道长度、设计速度、设计交通量、车道数、平纵线形、地形地质、隧道海拔高程、隧址区域自然条件等因素，进行技术经济综合比较，确定合理的通风方案。

1.0.5 公路隧道通风设计小时交通量应为混合车型设计高峰小时交通量。

条文说明

交通量及其交通组成是隧道通风设计重要的基础数据之一。根据《公路工程技术标准》（JTG B01）有关条款，各级公路的适应交通量是将不同车型的汽车折合成标准小客车的年平均日交通量，单位为 pcu/d；项目可行性研究报告提出的各级公路设计（预测）交通量也是将不同车型的汽车折合成标准小客车的年平均日交通量。但对于同一车型，汽油车、柴油车的有害气体排放量是不一样的；对于发动机类型相同的汽车，重型车、大型车和小型车的有害气体排放量也不一样。由此，即使标准小客车的年平均日交通量（pcu/d）相等，但其交通组成不一样，有害气体排放总量也不相等。同时，实际运营中每天通过隧道的交通量在 24h 内的分布是不均衡的。因此，进行通风设计时，应根据《公路工程技术标准》（JTG B01）"各汽车代表车型与车辆折算系数"及设计项目的交通组成，将标准小客车交通量换算成混合车型设计高峰小时交通量。

1.0.6 公路隧道通风设计应分别针对正常交通工况和火灾、交通阻滞等异常交通工况进行设计。

条文说明

由于公路隧道是封闭的行车环境，其救援及疏散较困难，当隧道发生火灾时需要通风系统控制烟气的流动，保证救援及安全疏散，所以通风系统除满足正常交通工况运营需求外其配置的通风设施也要满足防灾排烟的需求。

异常交通工况不仅包括火灾、交通阻滞工况，还包括运营养护维修、检修、施工等需通风的工况。

1.0.7 公路隧道通风设计应统筹规划，一次设计；通风设施可根据预测交通量变化分期实施。

条文说明

隧道通风分期实施的目的是在保证安全的前提下，节省初期投资和实现运营节能。当近远期交通量相差较大且近远期通风设施规模差别也较大时，如通风设施按远期规模一次实施必然会造成初期投资增加、部分通风设施的长期闲置，以及近期养护费用增加；同时，长期闲置的设施到远期需要使用时，可能难以正常使用，造成浪费。因此，通风系统可根据近远期预测交通量进行一次设计、分期实施。

通常通风系统可根据近远期交通量分两期实施。根据《公路工程技术标准》（JTG B01）有关规定，高速公路和具干线功能的一级公路隧道通风设计分期可按 10 年为界划分，具集散功能的一级公路以及二、三级公路隧道可按 7 年为界划分，四级公路根据实际情况确定。

1.0.8 隧道洞口或通风井口有环境保护要求时，有害气体排放应符合环境保护的有关规定。

条文说明

本细则仅针对洞内运营环境提出相关通风标准，未涉及洞外环境空气质量标准。如隧道穿越环境敏感区，隧道内有害气体排放可能影响附近的空气质量，则其有害气体浓度和扩散范围应符合当地的环境保护规定，必要时采取如下相应的处治措施：
(1) 洞内污染空气集中高空排放；
(2) 通过加大洞内通风量来降低洞内排出有害气体浓度；
(3) 有害气体的净化处理，如采用静电吸尘装置、土壤净化装置等。

1.0.9 公路隧道通风设计应提出不同交通状态、不同运营工况下的通风设施运行方案。

条文说明

隧道通风设施是按最不利工况进行配置的，不分工况运行通风设施必然会造成能耗增加或引起安全隐患。隧道通风设施的运行方案与交通量大小、交通状态（正常交通、阻滞交通、火灾、养护维修等）密切相关，一天中的不同时间段、一年中的不同月份或季节等的交通量及交通状态存在差异。为给隧道通风控制系统设计、运营管理提供依据，故作出此规定。

1.0.10 公路隧道通风设计应积极稳妥地采用新理论、新技术、新材料、新设备。

条文说明

公路隧道通风设施通常功率较大、运行能耗较高。积极采用"四新"技术，可以提高通风效率及通风质量、节约投资及运营费用。

1.0.11 公路隧道通风设计除应符合本细则的规定外，尚应符合国家和行业现行有关标准的规定。

2 术语和符号

2.1 术语

2.1.1 一氧化碳设计浓度　carbon monoxide concentration
隧道单位体积被污染空气中含有一氧化碳（CO）的体积，用体积浓度计量。

2.1.2 烟尘设计浓度　exhaust/smoke concentration
烟尘对空气的污染程度，通过测定污染空气中 100m 距离的烟尘光线透过率来确定，表示洞内能见度的指标，也称消光系数。

2.1.3 需风量　requested air volume
按保证隧道安全运营要求的环境指标，根据隧道条件计算确定需要的新鲜空气量。

2.1.4 设计风量　designed air volume
以计算得到的隧道需风量为基础，满足运营要求，进行风机配置后达到的通风量。

2.1.5 设计风速　designed wind speed
根据设计风量 Q_r 计算得到的空气在隧道内沿隧道轴向流动的速度。

2.1.6 风压　air pressure
分为静压、动压、全压。作用于各个方向上压强相等的空气压力称为静压；空气以某一速度流动时所产生的压力称为动压；任一测点处静压和动压之和称为全压。本细则所提及静压和全压是指隧道或风机的相对静压和相对全压。

2.1.7 纵向通风　longitudinal ventilation
通风气流在行车空间沿隧道轴线方向（纵向）的流动。

2.1.8 半横向通风　semi-transverse ventilation
通风气流在行车空间沿垂直于隧道轴线方向（横向）进入（或排出）、沿隧道轴线方向（纵向）排出（或进入）的流动。

2.1.9　全横向通风　transverse ventilation

通风气流在行车空间沿垂直于隧道轴线方向（横向）的流动。

2.1.10　通风井　ventilation shaft

为公路隧道运营通风而设置的竖井、斜井和平行导洞。

2.2　符号

A_r——隧道净空断面积；

D_r——隧道断面当量直径；

f_a——车况系数；

f_h——海拔高度系数；

f_{iv}——纵坡—车速系数；

f_m——车型系数；

H——隧道内净空高度；

K——烟尘设计浓度；

L——隧道长度；

N——设计小时交通量；

n_C——隧道内车辆数；

n_D——柴油车车型类别数；

n_+——隧道内与设计风速 v_r 同向的车辆数；

n_-——隧道内与设计风速 v_r 反向的车辆数；

p——隧址大气压；

p_0——标准大气压；

p_1——风机环境大气压；

Δp——通风系统需要的压力；

Δp_b——送风口升压力；

Δp_d——风道通风阻力；

Δp_e——排风口升压力；

Δp_m——自然通风力；

Δp_j——射流风机升压力；

Δp_r——隧道内通风阻力；

Δp_t——交通通风力；

Δp_λ——隧道内沿程摩擦阻力；

$\Delta p_{\zeta i}$——隧道内局部阻力；

Q_{co}——隧道一氧化碳（CO）排放量；

Q_e——排风量；

Q_r——隧道设计风量；

Q_{req}——隧道需风量；

$Q_{req(CO)}$——隧道稀释一氧化碳（CO）的需风量；

$Q_{req(VI)}$——隧道稀释烟尘的需风量；

$Q_{req(f)}$——火灾排烟需风量；

$Q_{req(ac)}$——隧道换气需风量；

Q_s——短道设计风量；

Q_{VI}——隧道烟尘排放量；

q_{co}——一氧化碳基准排放量；

q_{VI}——烟尘基准排放量；

r_l——大型车比例；

r_d——柴油车比例；

S_{kw}——轴流风机全压输入功率；

S_{th}——轴流风机全压输出功率；

v_c——临界风速；

v_n——自然风作用引起的洞内风速；

v_r——隧道设计风速；

v_t——设计速度；

v_{ac}——隧道换气风速。

3 通风规划与调查

3.1 通风规划

3.1.1 公路隧道通风应结合路线平面、纵断面、隧道断面形式、工程分期建设情况、防灾救援与运营管理等进行整体规划。

条文说明

路线纵断面设置会影响隧道需风量的大小、通风系统设置规模,尤其对于需要设置通风井的特长隧道,路线平面位置所在的地形、地貌、地质情况影响通风系统设置的合理性。因此,隧道通风的规划应考虑路线平面及纵断面形式。

对于分期修建的隧道,结合交通量的变化和交通方式的调整做好由单洞双向交通向双洞单向交通转换的通风整体规划。

隧道运营管理模式、防灾救援方案与通风方案的选择密切相关,因此,在通风设计阶段需规划三者之间的衔接与协调。

因此,通风设计应根据工程建设情况进行整体规划,以确保通风系统规模的合理性。

3.1.2 公路隧道通风设计应按下列步骤实施:

1 应收集隧道所在路段平面、纵断面,隧道地形、地物、地质等路线资料。

2 应收集隧道所在路段的公路等级、隧道断面、交通量,所在区域的气象和环境条件,以及隧址区域的环保要求等技术资料。

3 应根据收集的资料进行隧道需风量的初步计算及通风方案比选;当因路线方案使各通风方案均不满足运营安全、经济、环保要求时,则应重新论证路线方案、隧道长度、纵坡等。

4 应根据比选确定的通风方案详细计算需风量,确定设计风量;并详细计算通风系统阻力。

5 应根据通风系统阻力详细计算风机风压、风量、功率等进行风机选型及配置。

6 通风设备安装前,应针对隧道土建施工、通风设备参数变更情况复核通风系统是否满足隧道运营需求。

条文说明

通风设计的一般流程，如图3-1所示。各步骤之间相互关联，必要时，其中一个步骤的分析结果，还需反馈到之前的分析之中。

通风方案比选，主要针对通风方式、通风井位、防灾救援、施工组织、通风系统对周边环境的影响、工程造价等因素进行论证。通风方案的合理性、经济性、环保性是隧道路线方案选定的重要因素。

通风方案的通风系统阻力计算，包括自然通风力、交通通风力、火风压、沿程摩阻损失等。通风方案还包括相关风道和风机房的设计，并考虑风机的控制方式。

通风设计与路线、隧道土建结构设计和施工是相互关联和互动的。相关的隧道土建工程在施工过程中往往会发生局部变更，例如设置通风井进行分段通风的隧道，风道和通风井长度、连接方式等可能变更；另外，同型号不同品牌的风机，其性能参数略有区别，具体安装方式或参数亦有所不同。因此，在风机安装之前，针对土建变更情况和实际采用的设备情况，复核通风系统是否满足需求。

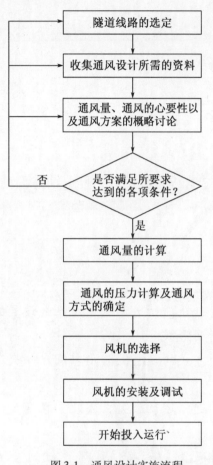

图3-1 通风设计实施流程

3.1.3 公路隧道通风系统分期实施的设计应遵循下列原则：

1 应根据隧道所在路段交通量增长、汽车有害气体基准排放量变化、各分期实施阶段隧道洞内通风标准和洞外环境空气质量标准变化、土建工程及通风设施分期实施的难易程度等因素综合考虑。

2 各期安装的设备应满足隧道防灾通风需求。

条文说明

1 隧道正常运营交通状况下，通风以稀释机动车尾排污染物为主。随着汽车技术的进步和排放法规的完善，我国机动车污染物排放量已大幅减少。每次实施新的机动车尾气限排标准，单车污染物排放量随之减少，通风系统规模也随之变化，因此汽车有害气体基准排放量是影响通风系统分期实施的因素之一。

随着技术经济水平的发展，对隧道洞内外空气质量要求也不断提高。以稀释洞内CO的设计浓度为例，世界道路协会（PIARC）公路隧道运营技术委员会在1995年技术报告中建议，当洞内正常高峰小时交通速度为50～100km/h时，CO设计浓度取值

$100cm^3/m^3$，而在 2004 年技术报告中则建议取值 $70cm^3/m^3$。所以，各分期实施阶段隧道洞内通风标准和洞外环境空气质量标准，也是影响通风系统分期实施的因素之一。

通风系统的预留预埋、联络风道、风口等土建工程分期实施的难易程度，风机及供配电系统等设施分期实施的经济性等因素，影响通风系统分期实施的可行性和合理性。

2 通风设备是隧道火灾防烟与排烟的主要设施，发生火灾时，通过控制洞内风速及烟雾流向，并提供相应的新风，可以为驾乘和救援人员提供有利的逃生与救援环境条件。

3.1.4 改建隧道和实施二期通风系统的隧道，应按当前实际交通量和交通组成评估通风系统的合理性。

条文说明

新建隧道通风设计所采用的交通量和交通组成主要来自项目可行性研究报告提供的预测数据。大量工程调研表明，由于各种原因，隧道建成后在项目可行性研究报告对应的预测年份，实际交通量及交通组成与预测值相差较大，按预测交通量及交通组成设计的通风系统可能出现通风能力富余或不足的情况。因此，对于改建隧道和通风系统分期实施的隧道，应按当前交通量和交通组成，对通风系统进行评估。

3.1.5 通风规划应考虑周边环境、相邻隧道污染空气窜流等对隧道洞内通风效果的影响。隧址区域有环保要求时，应论证洞内污染空气直接排放对周边环境的影响。

条文说明

隧址区域的污染空气增加了空气的污染物背景浓度，会造成隧道洞内空气的二次污染，如隧道通过环境污染严重的区域、相邻隧道污染空气窜流等情况。若未考虑污染物的背景浓度会造成通风能力不足，带来安全隐患，因此需考虑此类环境条件对隧道通风的影响。

对有环保要求的环境敏感区的隧道，如城市周边的隧道、穿越动植物自然保护区的隧道、穿越人口密集区的隧道，其洞口和通风塔集中排出的污染空气可能对周边居民和动植物造成影响，通过技术论证采取相应措施避免或减小对周边环境的不利影响，如高空排放、增设净化装置等。

3.1.6 长度 $L>5\,000m$ 隧道的平均纵坡，不宜大于2.0%；隧道行车方向进口接线纵坡，宜与洞内同坡。

条文说明

日本道路协会《道路隧道技术标准（通风换气篇）及其解说》（2001年10月）提出"通风量大的长、特长隧道，纵坡最好能够控制在2%以下"。总体说来，我国机动车的尾气排放，特别是国道主干线上的机动车尾气排放，比日本严重，故作此规定。

在确定纵坡时，不能只考虑隧道部分，还需考虑包括隧道前后连接路段，将其作为一个整体来加以充分论证。其理由在于，即使隧道内是平坦的，如果隧道前部呈急剧上坡，交通流则会在进洞前加速而导致尾排增加，并将持续到洞内，从而导致洞内污染物的增加，对通风形成不利条件。

3.1.7 公路隧道通风设计，应对日常运营通风与防灾通风设施进行统筹规划。

条文说明

日常运营通风与防灾通风设施，有兼用或分别设置等情况。工程实践中尽可能将日常运营风机兼作防灾风机，达到降低通风系统装机功率的目的，并保证防灾风机有效、可靠运转。当隧道日常运营采用纵向通风，但由于排烟长度等原因不满足防灾排烟要求时，也可设置独立的排烟系统，兼顾运营的经济性和防灾的安全性。因此，为满足隧道运营的安全与经济，通风设计需对日常运营通风与防灾通风设施是否兼用进行统筹规划。

3.1.8 公路隧道通风设计应分别明确日常运营工况与火灾工况的风机数量和位置。

条文说明

对于设置机械通风的隧道，通常通风机是隧道最大的用电设施。各种工况下的风机运行数量、供电负荷等级等要求不同，提出火灾工况下的风机组合及配置，可合理确定风机的负荷等级并配置相应的供配电设施、控制设施等，确保运营安全、降低供配电设施投资。

3.1.9 服务隧道和地下风机房的通风系统应采用正压通风方式。

条文说明

服务隧道是与隧道主洞并列设置，实现运营通风、防烟排烟、人员疏散救援及敷设各种管线等功能的隧道。

当隧道内发生火灾时，作为人员疏散救援通道的服务隧道、地下风机房等通过机械通风，形成正压通风，防止隧道主洞的火灾烟雾侵入上述区域。

3.2 通风调查

3.2.1 公路隧道通风设计应对隧道所在区域的交通、气象、环境及地形、地物、地质等进行调查。

3.2.2 公路隧道通风设计的交通调查应包括下列内容:
1 隧道所在路段设计预测年份的交通量、交通组成、交通阻滞和人行情况等;
2 隧道通行的不同燃料类型的车辆构成;
3 隧道所在路段的交通高峰时间段、交通出行规律。

条文说明

1 交通量和交通组成是隧道通风设计的重要参数。设计采用的交通组成包括各预测年份的各种车型百分比,及其是混合车型百分比还是标准小客车百分比。

2 根据发动机的不同,机动车主要分为汽油车和柴油车两种。柴油车产生的烟尘,会对隧道洞内通风造成很大影响;汽油车排放的烟尘相对较少,且排放成分也与柴油车有所区别。应调查柴油车和汽油车的构成比例,以提高隧道需风量的准确度。

调查表明,现阶段我国各类机动车发动机类型的一般比例见表3-1。对改建扩建隧道,以及通风系统分期实施的二期工程,有条件对即时交通状态进行现场调查,以获得柴油车和汽油车的构成比例。

表3-1 各类车辆的发动机类型比例

车　　型	小客车	小货车	大客车	中货车	大货车	集装箱、拖挂车
柴油发动机(%)	10	30	100	80	100	100
汽油发动机(%)	90	70	0	20	0	0

3 对隧道所在路段的交通高峰时间段、交通出行规律进行调查的目的,在于合理选定通风最不利工况、控制通风系统规模。

3.2.3 公路隧道通风设计的气象调查应包括下列内容:
1 隧址区域自然风速、隧道洞口或通风塔位置的气流扩散等;
2 隧道洞口及通风塔位置的气压、风向、风速、温度等;
3 特殊气象条件。

条文说明

隧址区域的自然风速、风向、气压、温度等是通风计算和设备选型的重要参数。隧道开通后,隧道两洞口间、隧道洞口与通风井地面风塔间的气压差将对隧道通风效果产生影响,为较准确计算通风系统压力和选择风机型号,作出本规定。

当隧道洞口或通风塔直接排放洞内污染空气时，为避免其对环境造成影响或污染空气回流进入相邻隧道，调查洞口附近的局部风速、风向、扩散条件等，可为采取合理工程方案提供基础资料。

对于寒冻、多雾、积雪、潮湿、高温等地区的隧道，调查相关气象因素用于分析对隧道通风系统带来的不良影响，合理设计隧道结构和通风系统，保证隧道安全运营。

3.2.4 公路隧道通风设计的环境调查应包括下列内容：
1 隧道洞口或通风塔周围的敏感地物，以及隧址区域的环境空气背景浓度等；
2 通风井位和风机房的地质情况，以及通风塔所在区域的地形、地物。

条文说明

隧道洞口或通风塔周围的敏感地物的调查是为了解隧址区域环保要求，对背景浓度的调查是为了解其对洞内空气二次污染的程度；地质、地形、地物情况是影响通风井、风机房、通风塔设置的合理性和安全性的重要因素。因此，设计时需开展环境调查，获取相关资料。

3.3 交通量

3.3.1 通风设计采用的设计小时交通量应根据隧道所在路段项目可行性研究报告提出的设计（预测）年平均日交通量（AADT）进行换算，并宜符合下列规定：
1 设计小时交通量系数宜采用项目可行性研究报告提供的数据；当项目可行性研究报告没有明确提出该数据时，山岭重丘区隧道可取12%，平原微丘区隧道可取10%，城镇附近的隧道可取9%。
2 单向交通隧道的方向分布系数宜根据项目可行性研究报告取值，当项目可行性研究报告没有明确提出该值时，可取55%；双向交通隧道行车上坡较长方向的方向分布系数可取60%。
3 当设计小时交通量大于隧道所在路段的最大服务交通量时，宜采用最大服务交通量换算的设计小时交通量。

条文说明

交通量是隧道通风设计最为重要的基础数据之一。通风设计时，根据《公路工程技术标准》（JTG B01）"各汽车代表车型与车辆折算系数"，结合各工程的具体交通组成，将标准小客车交通量换算成混合车型设计高峰小时交通量，换算的步骤为：

第一步，将项目可行性研究报告提出的各设计（预测）年平均日交通量 AADT（pcu/d）换算成标准小客车设计高峰小时交通量（pcu/h）；

第二步，根据项目可行性研究报告提出的交通组成百分比，分别计算出各车型对应

的标准小客车设计高峰小时交通量;

第三步,按《公路工程技术标准》(JTG B01)"各汽车代表车型与车辆折算系数",将各车型的标准小客车高峰交通量换算成混合车型设计高峰小时交通量(veh/h)。

1 通过广泛的工程调研,高速公路项目可行性研究报告提出的设计小时交通量系数在9%~12%之间。为避免设计小时交通量取值偏大导致通风系统浪费,根据广泛工程调研和项目可行性研究报告的总结作出本规定。

2 为便于计算交通量,本款根据《公路工程技术标准》(JTG B01)作出规定。

3 工程调研表明,工程可行性研究报告提供的"××年预测交通量"与工程建成后对应年份的实际交通量差别较大。经济欠发达和落后地区公路的实际交通量往往较大幅度小于工程建设之前预测的交通量;对于经济发达地区公路,实际交通量往往大于预测或设计交通量。因此,为避免过度设计通风系统,当设计小时交通量大于隧道所在路段的最大服务交通量时,通风计算采用的交通量根据隧道车道宽度、侧向净宽、大型车混入率、驾驶员条件等因素,将各级公路对应服务水平、相应设计车速下的最大服务交通量[pcu/(h·ln)]换算为混合车型设计高峰小时交通量。

3.3.2 对于长度$L \leq 1\,000\text{m}$的隧道可不考虑交通阻滞;对于长度$L > 1\,000\text{m}$的隧道,阻滞段宜按每车道长度为$1\,000\text{m}$计算。以下行驶情况可视为交通阻滞:

1 高速公路隧道内各车道平均行车速度不大于30km/h。
2 一级公路隧道内各车道平均行车速度不大于20km/h。
3 二级、三级、四级公路隧道内各车道平均行车速度不大于10km/h。

条文说明

不同国家和国际组织对交通阻滞的定义有所不同。日本道路协会《道路隧道技术标准(通风换气篇)及其解说》(2001年10月)提出拥堵时的行车速度基本不到20km/h。世界道路协会公路隧道运营技术委员会(PIARC C5)2004年报告提出,在通风设计中用阻塞交通速度10km/h和停滞段定义设计工况。为了避免长隧道通风设计过量,通过交通控制系统避免全隧道的交通阻滞或停滞是可行的,PIARC C5给出了相应的交通量,见表3-2。

表3-2 PIARC C5《公路隧道汽车尾排和需风量》平均高峰交通密度

项目		平均高峰交通密度(pcu/km)/每一车道的交通流(pcu/h)						
		郊区隧道				城区隧道		
		单向交通		双向交通		单向交通		双向交通	
交通状态	车速v(km/h)	pcu/km	pcu/h	pcu/km	pcu/h	pcu/km	pcu/h	pcu/km	pcu/h
正常	60	30	1 800	23	1 400	33	2 000	25	1 500
阻塞	10	70	700~850	60	600	100	1 000	85	850
停滞	0	150	—	150	—	165	—	165	—

通过对国内公路隧道运营情况综合调查，综合考虑上述资料分析结论和我国《公路工程技术标准》（JTG B01）的规定，结合国内相关专业学者的建议，本条按不同等级公路分别定义隧道交通阻滞平均行车速度。

长度在1km以上的公路隧道通常均有交通监控设施，且在野外公路隧道中发生1km以上的交通阻滞概率较低，因此通风设计应考虑交通监控系统的功能不必考虑1km以上的交通阻滞，否则过量的通风设施必定长期（甚至永远）闲置，造成浪费。PIARC（1995）报告中亦指出了这点。同时，依据PIARC技术报告的思路，隧道内交通阻滞按"每车道"考虑，故作出本规定。

3.3.3 火灾工况下交通量计算应遵循下列原则：
1 工况车速宜按0km/h考虑。
2 单向通行隧道宜按独立排烟区末端位置发生火灾考虑；双向通行隧道宜按洞内中点发生火灾考虑。
3 隧道交通量由洞内滞留的车辆数与后续进入洞内的车辆数之和确定。后续进入洞内的车辆数，单向通行隧道宜按5min计算，双向通行隧道宜按10min计算。

条文说明

一般情况下，当单向通行的隧道发生火灾时，从火点至隧道出口的下游段车辆会按照正常状态驶离隧道，而从隧道进口至火点的上游段往往会滞留一定数量的车辆。这些滞留的车辆会对火灾排烟通风系统形成较大的阻力，洞内滞留车辆越多，通风阻力也就越大。

这些滞留的车辆由两部分构成：一是火灾发生时刻，洞内火点上游已经存在的车辆；二是火灾发生后，由于交通管制滞后，洞外车辆由于并不知道洞内已经发生火灾而后续进入隧道的车辆。

一般情况下，高速公路、一级公路的长、特长隧道设置有完善的交通监控系统或专门管理机构，问卷调查表明，当隧道内发生火灾后，管控响应时间往往滞后5min左右；双向通行的隧道主要为二、三、四级公路隧道，当隧道中点发生火灾时，机械防烟与排烟系统处于最不利条件，此类隧道没有集中的专门管理机构，火灾发生后，发现和报告火灾的时间相对滞后，问卷调查表明，管控响应时间往往滞后10min左右。故作出本规定。

4 通风方式

4.1 通风方式的选择

4.1.1 公路隧道设置机械通风可按下列条件初步判定：

1　双向交通隧道，当符合式（4.1.1-1）的条件时，可设置机械通风。

$$L \cdot N \geq 6 \times 10^5 \tag{4.1.1-1}$$

式中：L——隧道长度（m）；

　　　N——设计小时交通量（veh/h）。

2　单向交通隧道，当符合式（4.1.1-2）的条件时，可设置机械通风。

$$L \cdot N \geq 2 \times 10^6 \tag{4.1.1-2}$$

条文说明

隧道通风分为自然通风和机械通风两大类。本条提出的两个公式分别为判断是否需要设置机械通风的经验公式，只能作为初步判定的方法。

自然通风是通过气象因素形成的隧道内空气流动，以及机动车从洞外带入新鲜空气来实现隧道内外空气交换。机械通风是通过风机作用使空气沿着预定路线流动来实现隧道内外空气交换。

4.1.2 机械通风方式可按表4.1.2分类。

表4.1.2　机械通风方式的分类

纵向通风方式	半横向通风方式	全横向通风方式	组合通风方式
1）全射流	1）送风式	1）顶送顶排式	1）纵向组合式
2）集中送入式	2）排风式	2）底送顶排式	2）纵向+半横向组合式
3）通风井送排式	3）平导压入式	3）顶送底排式	3）纵向+集中排烟组合式
4）通风井排出式		4）侧送侧排式	
5）吸尘式			

条文说明

根据隧道条件，可以采用一种或多种通风方式组合构成更合理的通风方式。目前我国隧道运营通风以各种纵向通风方式及其各种组合为主。我国已建的长度大于5 000m的高速公路隧道普遍采用"通风井送排式+射流风机"组合通风方式,其中以秦岭终南山公路隧道为典型代表。

不同交通状态下主要通风方式的基本特点,见表4-1和表4-2。

表4-1 各主要通风方式的特点(单向交通隧道)

通风方式	纵 向 式			
基本特征	通风风流沿隧道纵向流动			
代表形式	全射流式	洞口集中送入式	通风井排出式	通风井送排式
形式特征	由射流风机群升压	由喷流送风升压	洞口两端进风、中部集中排风	由喷流送风升压
通风系统略图				
隧道内压				
隧道风速				
浓度分布				
一般特征 非火灾工况的适用长度	5 000m以内	3 000m左右	5 000m左右	不受限制
交通风利用	很好	很好	部分较好	很好
噪声	较大	洞口噪声较大	噪声较小	噪声较小
火灾处理	排烟不便	排烟不便	排烟较方便	排烟较方便
工程造价	低	一般	一般	一般
管理与维护	不便	方便	方便	方便
分期实施	易	不易	不易	不易
技术难度	不难	一般	一般	稍难
运营费	低	一般	一般	一般
洞口环保	不利	不利	有利	一般

续表 4-1

通风方式	半横向式		全横向式
基本特征	由隧道通风道送风或排风，由洞口沿隧道纵向排风或抽风		分别设有送排风道，通风风流在隧道内作横向流动
代表形式	送风半横向式	排风半横向式	
形式特征	由送风道送风	由排风道排风	
通风系统略图			
隧道内压			
隧道风速			
浓度分布			
一般特征 适用长度	3 000~5 000m	3 000m 左右	不受限制
交通风利用	较好	不好	不好
洞内环境	噪声小	噪声小	噪声小
火灾处理	排烟方便	排烟方便	能有效排烟
工程造价	较高	较高	高
管理与维护	一般	一般	一般
分期实施	难	难	难
技术难度	稍难	稍难	难
运营费	较高	较高	高
洞口环保	一般	有利	有利

注：表中所示各通风方式的适用长度是指一般情况下的参考值。

表 4-2 各主要通风方式的特点（双向交通隧道）

通风方式	纵 向 式		
基本特征	通风风流沿隧道纵向流动		
代表形式	全射流式	洞口集中送入式	通风井排出式
形式特征	由射流风机群升压	由喷流送风升压	洞口两端进风中部集中抽风
通风系统略图			
隧道内压			
隧道风速			
浓度分布			
一般特征 适用长度	1 500～3 000m	1 500m 左右	4 000m 左右
活塞风利用	不好	不好	不好
洞内环境	噪声较大	洞口噪声较大	噪声较小
火灾处理	排烟不便	排烟不便	排烟较方便
工程造价	低	一般	一般
管理与维护	不便	方便	方便
分期实施	易	不易	不易
技术难度	不难	一般	一般
运营费	低	一般	一般
洞口环保	不利	不利	有利

续表 4-2

通风方式	半横向式		全横向式
基本特征	由隧道通风道送风或排风，由洞口沿隧道纵向排风或抽风		分别设有送排风道，通风风流在隧道内作横向流动
代表形式	送风半横向式	排风半横向式	
形式特征	由送风道送风	由排风道排风	
通风系统略图 隧道内压 隧道风速 浓度分布			
一般特征 适用长度	3 000m 左右	3 000m 左右	不受限制
一般特征 活塞风利用	不好	不好	不好
一般特征 洞内环境	噪声小	噪声小	噪声小
一般特征 火灾处理	排烟较方便	排烟较方便	排烟方便
一般特征 工程造价	较高	较高	高
一般特征 管理与维护	一般	一般	一般
一般特征 分期实施	难	难	难
一般特征 技术难度	稍难	稍难	难
一般特征 运营费	较高	较高	高
一般特征 洞口环保	一般	有利	有利

注：表中所示各通风方式的适用长度是指一般情况下的参考值。

4.1.3 公路隧道通风方式的选择应综合考虑隧道平纵指标、交通量、气象条件、地貌、经济性等因素。

4.1.4 采用纵向通风方式时，单向交通且长度 $L \leqslant 5\,000\mathrm{m}$ 和双向交通且长度 $L \leqslant 3\,000\mathrm{m}$ 的隧道可采用全射流纵向通风方案。

条文说明

通过对全国已建和在建的200余座各类特长隧道通风方案统计，长度大于5 000m的隧道（共40座）一般采用通风井送排式纵向通风方式，长度小于或等于5 000m的特长隧道一般采用全射流纵向通风方式。

对于单向交通且长度 $L > 5\,000\mathrm{m}$ 的隧道和双向交通且长度 $L > 3\,000\mathrm{m}$ 的隧道，理论计算可采用全射流纵向通风方式时，需结合隧道可能的交通状态、隧道所具备的综合火灾排烟能力、隧道管理机构能力等技术论证的情况，慎重选择是否采用全射流纵向通风方式。全射流纵向通风是由射流风机群升压的接力诱导通风方式，单组风机升压力较小，当火灾的火风压和自然风压大于单组射流风机升压力后，单组射流风机的射流段会发生卷吸作用，使通风系统效率降低、通风能力不足，并造成烟气流动混乱，存在较大安全隐患。

4.1.5 通风井送排式纵向通风方式的通风井数量和隧道分段长度应根据隧道长度、防灾排烟需求、通风井设置条件、建设与运营费用等综合考虑。

条文说明

通风井的设置数量与隧道长度及防灾排烟需求密切相关，影响通风效果及工程造价，其合理设置能提高隧道运营的安全性和经济性。对国内采用通风井送排式纵向通风方式的已建隧道工程调研统计表明：长度在 $5\,000\mathrm{m} < L \leqslant 8\,000\mathrm{m}$ 的隧道通常设置1座通风井；长度在 $8\,000\mathrm{m} < L \leqslant 12\,000\mathrm{m}$ 的隧道通常设置1座或2座通风井；长度在 $12\,000\mathrm{m} < L \leqslant 16\,000\mathrm{m}$ 的隧道通常设置2座或3座通风井；长度 $L > 16\,000\mathrm{m}$ 的隧道通常设置3座或3座以上通风井。

4.2 隧道通风要求

4.2.1 单向交通隧道的设计风速不宜大于10.0m/s，特殊情况不应大于12.0m/s；双向交通隧道的设计风速不应大于8.0m/s；设有专用人行道的隧道设计风速不应大于7.0m/s。

条文说明

本条提到的设计风速均指隧道行车或行人空间的平均风速；人车混合通行的隧道是

指设有专用人行道的隧道。

单向交通隧道的设计风速借鉴日本道路协会《道路隧道技术标准（通风换气篇）及其解说》（2001 年 10 月）及挪威《公路隧道设计准则》取值。双向交通和人车混合通行的隧道设计风速借鉴日本《道路隧道技术标准（通风换气篇）及其解说》（2001 年 10 月）和 PIARC 报告取值。

鉴于建设条件复杂，确无条件设置通风井分段通风的隧道，或为把隧道内全长或分段的设计风速降低至 10.0m/s 以下，采取的工程措施，如扩大隧道断面、增设或调整通风井、增设静电除尘设备、变更通风方式，将导致建设或运营费用急剧增加，或者不具备调整通风方案的建设条件等的隧道，作为特殊情况隧道内设计风速可取值 10.0 ~ 12.0m/s。

4.2.2 双向交通隧道设计风向宜与行车上坡较长方向一致，洞内通风气流组织方向不宜频繁变化。

条文说明

为更好地利用洞内交通通风力与惯性风，洞内气流的组织方向不宜频繁变化。射流风机运转的正向与主流交通方向一致的单洞双向交通隧道，当主流交通方向发生变化时，为更好地利用交通通风力，运营通风气流的组织方向随之变化。

而且，为避免引起通风压力模式的不断改变，不宜频繁逆转射流风机的喷流方向。双向交通时，自然风向也可能在不断变化，如果频繁逆转风机喷流方向，使得压力模式不断改变，将使通风系统复杂化；同时考虑到空气流动的惯性，经常使其转向会造成较大的能量损失和气流紊乱。

4.2.3 连拱或小净距特长隧道的左右洞相邻洞口间宜采取措施避免污染空气窜流；当不可避免污染空气窜流时，通风设计应考虑窜流带来的影响。

条文说明

连拱或小净距的特长隧道，左右洞两相邻洞口间污染空气窜流会影响洞内通风效果，因此为避免污染空气窜流宜采取相应措施。例如，可在两洞口间设置隔离墙或种植高大乔木，左右洞两洞口之间的纵向距离不小于 10m，见图 4-1。

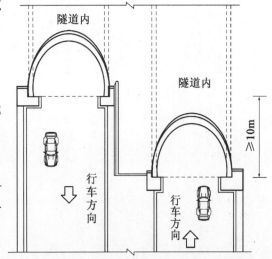

图 4-1 避免空气窜流影响的洞口布置示意图

4.2.4 上游隧道行车出口排出洞外的污染

空气对下游隧道产生二次污染时，应根据污染程度综合考虑上、下游隧道的通风方式。

条文说明

当上、下游隧道洞口纵向间距较小时，上游隧道行车出口集中排放的部分污染空气往往被交通流带入下游隧道，增加了下游隧道洞口空气的污染物背景浓度，给下游隧道带来二次污染。

国内外对上、下游隧道洞口间污染空气窜流的理论研究成果、通风模型试验结果以及对国内短距离隧道洞口间污染空气窜流的现场测试结果表明，通常上、下游隧道洞口纵向间距小于100m时存在上、下游隧道间的污染空气窜流问题，尤其对于包含有特长隧道的上、下游隧道可能出现污染风的窜流问题。

5 通风标准

5.1 一般规定

5.1.1 公路隧道通风设计的安全标准应以稀释机动车排放的烟尘为主，必要时可考虑隧道内机动车带来的粉尘污染。

5.1.2 公路隧道通风设计的卫生标准应以稀释机动车排放的一氧化碳（CO）为主，必要时可考虑稀释二氧化氮（NO_2）。

5.1.3 公路隧道通风设计的舒适性标准应以换气稀释机动车带来的异味为主，必要时可考虑稀释富余热量。

条文说明

5.1.1~5.1.3 隧道通风的主要稀释对象限于CO、NO_2、烟尘和空气中的异味。本细则涉及的通风标准主要是海拔高度3 000m以下地区的公路隧道通风标准研究成果的总结。

在公路隧道中，汽车排放的废气中有害物质很多，包括CO、NO_2、Pb、CO_2、SO_2、HCHO和烟尘等。其中，CO和NO_2对人体健康的影响比较突出，故通风设计时以将其浓度控制在一定的安全限度内作为主要的设计指标之一，即CO设计浓度和NO_2设计浓度。

随着柴油车的日渐发展，为了保证充分的能见度，解决烟尘问题，1975年世界道路协会（PIARC）隧道技术委员会在日本、法国等国研究的基础上，提出了一套稀释柴油车烟尘的计算方法。

PIARC十八届大会隧道技术委员会报告提出隧道使用时的舒适性标准，即稀释空气中的异味。

随着汽车尾气排放的各种污染物均减少，因轮胎、制动及道路磨损而产生的颗粒物和扬尘已成为隧道洞内污染的重要因素。同时，一些国家已把氮氧化物作为隧道内空气污染的控制因素。基于我国公路隧道数量众多及经济技术的发展现状，对于稀释洞内粉尘污染、NO_2、富余热量等，目前本细则只作为选择性条款提出建议，原则上不是隧道通风设计应考虑的对象，必要时，需作相应研究。

5.2 烟尘设计浓度

5.2.1 烟尘设计浓度 K 取值应符合下列规定：

1 采用显色指数 $33 \leqslant Ra \leqslant 60$、相关色温 2 000～3 000K 的钠光源时，烟尘设计浓度 K 应按表 5.2.1-1 取值。

表 5.2.1-1 烟尘设计浓度 K（钠光源）

设计速度 v_t（km/h）	$\geqslant 90$	$60 \leqslant v_t < 90$	$50 \leqslant v_t < 60$	$30 < v_t < 50$	$v_t \leqslant 30$
烟尘设计浓度 K（m^{-1}）	0.006 5	0.007 0	0.007 5	0.009 0	0.012 0*

注：* 此工况下应采取交通管制或关闭隧道等措施。

2 采用显色指数 $Ra \geqslant 65$、相关色温 3 300～6 000K 的荧光灯、LED 灯等光源时，烟尘设计浓度 K 应按表 5.2.1-2 取值。

表 5.2.1-2 烟尘设计浓度 K（荧光灯、LED 灯等光源）

设计速度 v_t（km/h）	$\geqslant 90$	$60 \leqslant v_t < 90$	$50 \leqslant v_t < 60$	$30 < v_t < 50$	$v_t \leqslant 30$
烟尘设计浓度 K（m^{-1}）	0.005 0	0.006 5	0.007 0	0.007 5	0.012 0*

注：* 此工况下应采取交通管制或关闭隧道等措施。

条文说明

"烟尘设计浓度"表示烟尘对空气的污染程度，通过测定污染空气100m距离的烟尘光线透过率来确定，也称为100m透过率，为洞内能见度指标。日本道路协会《道路隧道技术标准（通风换气篇）及其解说》（2001年10月）称其为"煤烟设计浓度"和100m透过率，以百分比表示。PIARC 报告用"衰减系数 K"来表达能见度。

PIARC 2004 年技术报告 *Road Tunnels: Vehicle Emissions and Air Demand For Ventilation*（公路隧道汽车尾排和需风量），提出了交通状况与能见度的设计标准，及能见度的透过率与衰减系数 K 对应关系的建议，见表5-1。

表 5-1 PIARC 2004 年技术报告中的通风限制值

交通状况	能见度	
	衰减系数 K	透过率 S（100m 范围内）
	10^{-3}m^{-1}	%
正常高峰交通（50～100km/h）	5	60
日常阻塞或各车道为停滞状态	7	50
较少阻塞和停滞状态	9	40
计划进行运营中的洞内养护作业	3	75
关闭隧道	12	30

不同交通状态下烟尘设计浓度 K 对应的洞内环境控制状况如下：

$K=0.0050\sim0.0030\text{m}^{-1}$ 表示洞内空气清洁，能见度可达数百米；

$K=0.0070\sim0.0075\text{m}^{-1}$ 表示洞内空气有轻雾；

$K=0.0090\text{m}^{-1}$ 表示洞内空气成雾状；

$K=0.0012\text{m}^{-1}$ 为限制值，洞内空气令人很不舒服，但尚有安全停车视距要求的能见度。

烟尘设计浓度 K 不但与车速或安全停车视距有关，而且与洞内亮度（或照度）、光源有关，见表 5-2。日本照明专家曾于大量测试后得出图 5-1 所示的烟尘透过率、车速、照度和光源四者之间关系。

表 5-2 设计速度—路面平均亮度—烟尘浓度之关系

设计速度（km/h）	100	80	60	40
路面平均亮度（cd/m²）	9.0	4.5	2.5	1.5
K（m⁻¹）	0.0069	0.0070	0.0075	0.0090

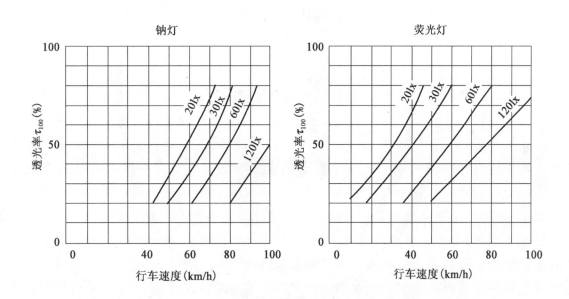

图 5-1 透过率、行车速度、照度和光源之间关系

表 5.2.1-1 和表 5.2.1-2 中"*"所注工况下的烟尘设计浓度是 0.012m^{-1}。当隧道内空气的烟尘浓度达到 0.0120m^{-1} 时，洞内空气令人很不舒服，为保证洞内交通安全，要采取交通管制等措施。

5.2.2 双洞单向交通临时改为单洞双向交通时，隧道内烟尘允许浓度不应大于 0.012m^{-1}。

5.2.3 隧道内养护维修时，隧道作业段空气的烟尘允许浓度不应大于 0.0030m^{-1}。

条文说明

5.2.2~5.2.3 该两条提出的洞内烟尘允许浓度参照 PIARC 2004 年技术报告的建议值。

5.3 一氧化碳（CO）和二氧化氮（NO_2）设计浓度

5.3.1 隧道内 CO 和 NO_2 设计浓度取值应符合下列规定：

1 正常交通时，隧道内 CO 设计浓度可按表 5.3.1 取值。

表 5.3.1 CO 设计浓度 δ_{CO}

隧道长度（m）	≤1 000	>3 000
δ_{CO}（cm³/m³）	150	100

注：隧道长度为 1 000m < L ≤ 3 000m 时，可按线性内插法取值。

2 交通阻滞时，阻滞段的平均 CO 设计浓度 δ_{CO} 可取 150cm³/m³，同时经历时间不宜超过 20min。

3 隧道内 20min 内的平均 NO_2 设计浓度 δ_{NO_2} 可取 1.0cm³/m³。

条文说明

本条以较简便的方式，尽量反映 May 氏试验所得结论：CO 浓度、经历时间、活动状态，三者密切相关；并以隧道长度反映经历时间，比较简便、合理。

1 我国有关单位于 1994~1996 年期间对 G85 渝昆高速公路重庆中梁山隧道进行了大量的现场实测。实测时，专门组成了交通量与车型组合完全符合原设计条件的车队，进行通风实效的检验。在中梁山左线上坡隧道风机全部运行时，所测 CO 浓度平均值仅为 42cm³/m³（单向交通）与 68cm³/m³（双向交通），为设计规定值 150cm³/m³ 的 28% 与 45%。2010 年，中梁山隧道单洞设计高峰小时交通量一般在 1 800~2 400veh/h 之间，且出现经常性的交通拥堵。有关单位再次对该隧道进行了洞内运营环境实测，上坡隧道在正常交通并开启不同风机数量情况下，洞内 CO 浓度为 11.3~40cm³/m³；下坡隧道在正常交通、不开启任何风机情况下，洞内 CO 浓度仅为 11.0cm³/m³。

世界道路协会公路隧道运营技术委员会（PIARC C5）2004 年技术报告 *Road Tunnels: Vehicle Emissions and Air Demand For Ventilation*（公路隧道汽车尾排和需风量）提出如下建议，见表 5-3。

本细则关于 CO 设计浓度的规定采用 PIARC C5 2004 年报告的建议值，并结合我国交通现状作了适当调整。鉴于我国交通排放标准滞后欧盟 5~7 年，与之对应，第 5.3.1 条第 1 款洞内 CO 设计浓度参照了 PIARC 报告中 1995 年的标准。

在纵向通风系统中，CO 浓度呈三角形分布，通过隧道的人员只在经过隧道出口或其他排风口的很短时间内，才经受最大的 CO "点浓度"。因此，设计时不必按全隧道的平均浓度，而按点浓度来计算需风量。这在 PIARC 相关技术报告及挪威、日本等国外相关技术标准中均有指出。

表 5-3 PIARC C5 2004 年技术报告通风限制值

交通状况	CO 浓度（cm^3/m^3）	
	设计年份	
	1995	2010
正常高峰交通（50~100km/h）	100	70
日常阻塞或各车道为停滞状态	100	70
较少阻塞和停滞状态	150	100
计划进行运营中的洞内养护作业	30	20
关闭隧道*	250	200

注：* 此值仅供隧道运营时使用，不用于通风设计。

2 结合我国汽车工业技术进步情况及交通排放标准滞后欧盟 5~7 年的现状，综合考虑，本款提出的交通阻滞时的平均 CO 设计浓度的标准，参照 PIARC C5 2004 年技术报告中 1995 年的标准。

3 本款采用了 PIARC 在 1999 年技术报告提出的 NO_2 建议值。

5.3.2 人车混合通行的隧道，隧道内 CO 设计浓度不应大于 $70cm^3/m^3$，隧道内 60min 内 NO_2 设计浓度不应大于 $0.2cm^3/m^3$。

条文说明

本条规定的 CO、NO_2 设计浓度为满足行人安全通行的最低卫生标准。通常设计时，按照条文提出的限值进行设计，能提供人员安全通过隧道的环境条件且能有效控制通风规模。当提高洞内卫生标准，即 CO、NO_2 设计浓度取值低于该限值时，将增加通风系统规模。出于经济性考虑，通常 CO、NO_2 设计浓度按该限值取值即可。

对于行人的隧道，CO 的设计浓度指标，采用了 PIARC 在 1999 年技术报告提出的通风标准；NO_2 的设计浓度指标，采用了比利时和瑞典的通风标准。高速公路隧道禁止人车混合通行，但在我国低等级公路隧道中，人车混行现象较多，故作出本规定。

5.3.3 隧道内养护维修时，隧道作业段空气的 CO 允许浓度不应大于 $30cm^3/m^3$，NO_2 允许浓度不应大于 $0.12cm^3/m^3$。

条文说明

对于隧道养护维修，本细则提出的 CO 允许浓度指标，采用了 PIARC C5 2004 年技术报告的建议值。NO_2 允许浓度指标采用了国家环境保护总局环发〔2000〕1 号文件二氧化氮（NO_2）二级标准的小时平均浓度限值 $0.12cm^3/m^3$。本条提出的隧道养护维修时洞内 CO 及 NO_2 允许浓度是为隧道运营期间管理服务的。

5.4 换气要求

5.4.1 隧道空间最小换气频率不应低于每小时 3 次。

5.4.2 采用纵向通风的隧道，隧道换气风速不应低于 1.5m/s。

条文说明

5.4.1~5.4.2 PIARC 在 1995 年技术报告中提出：隧道空间不间断换气频率，不宜低于每小时 5 次；交通量较小或特长隧道，可采用每小时 3~4 次。采用纵向通风的隧道，隧道内换气风速不应低于 2.5m/s。一些国家推荐换气频率每小时至少 3 次，或洞内最小纵向风速为 1.5m/s。综合上述建议，考虑到我国汽车工业的进步、汽车尾排处理技术及油品质量的提高等因素，作出本规定。

提高洞内舒适标准，即增大换气频率或提高换气风速，将增大通风系统规模。出于经济性考虑，通常隧道换气频率及换气风速按该标准取值即可。

6 需风量

6.1 一般规定

6.1.1 需风量计算中，设计小时交通量以及相对应的机动车有害气体排放量均应与各设计目标年份相匹配。

条文说明

公路隧道通风设计中，机动车尾排中的有害气体排放量是影响通风系统规模的一个重要因素。机动车尾排的有害气体排放量计算是以各设计目标年份对应的交通量 N 及有害气体基准排放量 q 为主要参数。随着我国汽车工业的进步、国家汽车污染物排放法规的不断完善和严格、油料品质的不断提高，机动车有害气体基准排放量会逐年递减，因此有害气体排放量的确定，应与各设计目标年份相匹配。

6.1.2 机动车有害气体基准排放量宜均以2000年为起点，按每年2.0%的递减率计算至设计目标年份获得的排放量，作为隧道通风设计目标年份的基准排放量，最大折减年限不宜超过30年。

条文说明

机动车有害气体基准排放量与我国汽车发动机技术、国家汽车污染物排放法规、油料质量等因素有关。

从我国汽车排放标准各阶段不同车型控制排放限值的相关文献资料看，近十年来，汽车主要污染物的年递减率一般都超过了10%，但鉴于发动机设计与制造技术受较多限制、各地区经济发展水平导致车辆状况不同、车辆保养程度等因素，为保证通风系统的可靠性，该年递减率取值不宜过于冒进，本细则建议按2%取值。

在1999~2000年，我国实施了一系列汽车污染物排放标准，汽车污染物排放限值在1999年之前与2000年之后有较大的变化。目前，车辆保有量中绝大部分汽车为2000年之后生产的，故本细则提出以2000年为起点。

6.1.3 当隧道所在路段交通组成中有新型环保发动机车辆时，其有害气体排放量宜单独计算。

条文说明

随着汽车工业技术进步以及社会对节能减排、环境保护需求的增加，新型环保车的应用随之增长，如重庆市大量使用天然气发动机汽车、武汉市批量使用混合动力电动公交车。因此，通风设计需注意是否有采用新型环保车及其占总交通量的比例、有害气体排放情况等。

6.1.4 确定需风量时，应对稀释烟尘、CO按隧道设计速度以下各工况车速10km/h为一档分别进行计算，并计算交通阻滞和换气的需风量，取其较大者作为设计需风量。

条文说明

通风系统装机功率与需风量、交通通风力等因素有关，需风量和交通通风力与机动车运行速度有关，因此，需风量的确定需对设计速度以下各工况车速按10km/h为一档进行计算。

6.2 稀释烟尘需风量

6.2.1 2000年的机动车尾排有害气体中烟尘的基准排放量应取$2.0m^2/(veh \cdot km)$。

条文说明

车辆烟尘基准排放量是指满载重9.5t中型柴油货车行驶1km的排放浓度。

参考PIARC 2004年技术年报告，本条所规定的烟尘基准排放量参数综合了国内科研单位的研究成果，提出2000年的机动车有害气体中烟尘的基准排放量q_{VI}按照$2.0m^2/(veh \cdot km)$取值。

6.2.2 烟尘排放量应按式（6.2.2）计算：

$$Q_{VI} = \frac{1}{3.6 \times 10^6} \cdot q_{VI} \cdot f_{a(VI)} \cdot f_d \cdot f_{h(VI)} \cdot f_{iv(VI)} \cdot L \cdot \sum_{m=1}^{n_D}(N_m \cdot f_{m(VI)}) \quad (6.2.2)$$

式中：Q_{VI}——隧道烟尘排放量（m^2/s）；

q_{VI}——设计目标年份的烟尘基准排放量[$m^2/(veh \cdot km)$]，按第6.1.2条和第6.2.1条计算取值；

$f_{a(VI)}$——考虑烟尘的车况系数，按表6.2.2-1取值；

f_d——车密度系数，按表6.2.2-2取值；

$f_{h(VI)}$——考虑烟尘的海拔高度系数，按图6.2.2取值；

$f_{iv(VI)}$——考虑烟尘的纵坡—车速系数，按表6.2.2-3取值；

L——隧道长度（m）；

$f_{m(VI)}$——考虑烟尘的柴油车车型系数，按表6.2.2-4取值；

n_D——柴油车车型类别数；

N_m——相应车型的交通量（veh/h），根据本细则第3.3节的规定计算取值。

表6.2.2-1　考虑烟尘的车况系数 $f_{a(VI)}$

公路等级	$f_{a(VI)}$
高速、一级公路	1.0
二级及二级以下公路	1.2～1.5

表6.2.2-2　车密度系数 f_d

工况车速（km/h）	100	80	70	60	50	40	30	20	10
f_d	0.6	0.75	0.85	1	1.2	1.5	2	3	6

表6.2.2-3　考虑烟尘的纵坡—车速系数 $f_{iv(VI)}$

工况车速（km/h）	隧道行车方向纵坡 i（%）								
	-4	-3	-2	-1	0	1	2	3	4
80	0.30	0.40	0.55	0.80	1.30	2.60	3.7	4.4	—
70	0.30	0.40	0.55	0.80	1.10	1.80	3.10	3.9	—
60	0.30	0.40	0.55	0.75	1.00	1.45	2.20	2.95	3.7
50	0.30	0.40	0.55	0.75	1.00	1.45	2.20	2.95	3.7
40	0.30	0.40	0.55	0.70	0.85	1.10	1.45	2.20	2.95
30	0.30	0.40	0.50	0.60	0.72	0.90	1.10	1.45	2.00
10～20	0.30	0.36	0.40	0.50	0.60	0.72	0.85	1.03	1.25

表6.2.2-4　考虑烟尘的柴油车车型系数 $f_{m(VI)}$

小客车、轻型货车	中型货车	重型货车、大型客车	拖挂车、集装箱车
0.4	1.0	1.5	3

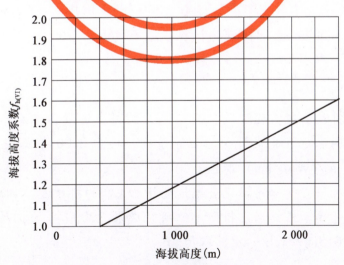

图6.2.2　考虑烟尘的海拔高度系数 $f_{h(VI)}$

注：当取值超出图示范围时，可作直线延伸。

条文说明

本条主要参照日本现行规范与 PIARC 技术报告推荐值。车型系数 $f_{m(VI)}$ 随相对车重而定，本条取满载重 9.5t 中型柴油货车的 $f_{m(VI)}$ 为 1.0。海拔高度系数 $f_{h(VI)}$ 采用日本道路公团《公路隧道通风技术基准》、日本道路协会《道路隧道技术标准（通风换气篇）及其解说》（2001 年 10 月）推荐值。

6.2.3 稀释烟尘的需风量应按式（6.2.3）计算：

$$Q_{req(VI)} = \frac{Q_{VI}}{K} \qquad (6.2.3)$$

式中：$Q_{req(VI)}$——隧道稀释烟尘的需风量（m^3/s）；
　　　　K——烟尘设计浓度（m^{-1}），按表 5.2.1-1、表 5.2.1-2 取值；
　　　　Q_{VI}——隧道烟尘排放量（m^2/s）。

条文说明

烟尘浓度与经历时间没有关系，即使经历时间很短，也要满足确保视距（能见度）的要求。所以采用纵向通风方式时，稀释烟尘的需风量计算是按隧道出口或通风井排风口的"点浓度"进行。

6.3 稀释 CO 需风量

6.3.1 机动车尾排有害气体中 CO 的基准排放量取值应符合下列规定：

1　正常交通时，2000 年的机动车尾排有害气体中 CO 的基准排放量应取 0.007 $m^3/(veh \cdot km)$。

2　交通阻滞时车辆按急速考虑，2000 年的机动车尾排有害气体中 CO 的基准排放量应取 0.015 $m^3/(veh \cdot km)$，且阻滞段计算长度不宜大于 1 000m。

条文说明

综合考虑汽车排放法规实施阶段、汽车工业的科技进步、在用车辆各种复杂状况、我国汽车保有量、国家对节能减排的治理等情况，提出 2000 年正常交通时 CO 基准排放量 q_{CO} 按照 0.007 $m^3/(veh \cdot km)$ 取值。

在急速运转状况下，气缸内不完全燃烧会增加 CO 的排放量。因此，本条提出交通阻滞时车辆按急速考虑。根据国内科研单位研究成果，2000 年的机动车有害气体中 CO 的基准排放量按 0.015 $m^3/(veh \cdot km)$ 取值。

6.3.2 CO 排放量应按式（6.3.2）计算：

$$Q_{CO} = \frac{1}{3.6 \times 10^6} \cdot q_{CO} \cdot f_a \cdot f_d \cdot f_h \cdot f_{iv} \cdot L \cdot \sum_{m=1}^{n}(N_m \cdot f_m) \qquad (6.3.2)$$

式中：Q_{CO}——隧道 CO 排放量（m^3/s）；

q_{CO}——设计目标年份的 CO 基准排放量 [$m^3/(veh \cdot km)$]，按第 6.1.2 条和第 6.3.1 条取值；

f_a——考虑 CO 的车况系数，按表 6.3.2-1 取值；

f_d——车密度系数，按表 6.2.2-2 取值；

f_h——考虑 CO 的海拔高度系数，可按图 6.3.2 取值；

f_m——考虑 CO 的车型系数，按表 6.3.2-2 取值；

f_{iv}——考虑 CO 的纵坡—车速系数，按表 6.3.2-3 取值；

n——车型类别数；

N_m——相应车型的交通量（veh/h），根据第 3.3 节的规定计算取值。

表 6.3.2-1 考虑 CO 的车况系数 f_a

公 路 等 级	f_a
高速、一级公路	1.0
二级及二级以下公路	1.1~1.2

表 6.3.2-2 考虑 CO 的车型系数 f_m

车型	柴油车	汽油车			
		小客车	旅行车—轻型货车	中型货车	大型客车—拖挂车
f_m	1.0	1.0	2.5	5.0	7.0

表 6.3.2-3 考虑 CO 的纵坡—车速系数 f_{iv}

设计速度 v_t (km/h)	隧道行车方向纵坡 i（%）								
	-4	-3	-2	-1	0	1	2	3	4
100	1.2	1.2	1.2	1.2	1.2	1.4	1.4	1.4	1.4
80	1.0	1.0	1.0	1.0	1.0	1.0	1.2	1.2	1.2
70	1.0	1.0	1.0	1.0	1.0	1.0	1.0	1.2	1.2
60	1.0	1.0	1.0	1.0	1.0	1.0	1.0	1.0	1.2
50	1.0	1.0	1.0	1.0	1.0	1.0	1.0	1.0	1.0
40	1.0	1.0	1.0	1.0	1.0	1.0	1.0	1.0	1.0
30	0.8	0.8	0.8	0.8	0.8	1.0	1.0	1.0	1.0
20	0.8	0.8	0.8	0.8	0.8	1.0	1.0	1.0	1.0
10	0.8	0.8	0.8	0.8	0.8	0.8	0.8	0.8	0.8

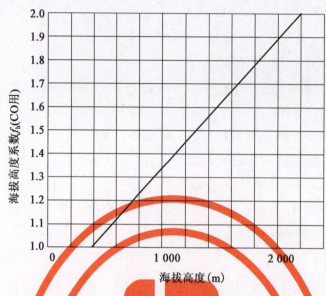

图 6.3.2 考虑 CO 的海拔高度系数 f_h

条文说明

纵坡—车速系数 f_{iv} 有两种提法：一种是 f_i 与 f_v 分为不同的两组；另一种是合二为一，称为 f_{iv}。本细则采用后者。这里以 PIRAC 1987 年技术报告和 1991 年技术报告推荐值为基础，作了综合、调整和简化处理，以便于使用。

国际上现有两种海拔高度系数 f_h。第一种既考虑在高海拔地区，汽车发动机效率降低，有害气体排放量增加的影响，又考虑海拔高处空气稀薄，风机工作风量有所增加的影响。实质上是排放量修正系数和需风量修正系数两者的乘积，故 f_h 数值较大。第二种是只考虑排放量的增大，需风量的增大另作计算，故数值较小。瑞士、美国等国家所用的属第二种，且数值完全一致，见图 6-1。本条文的海拔高度系数 f_h 只对排放量作修正。

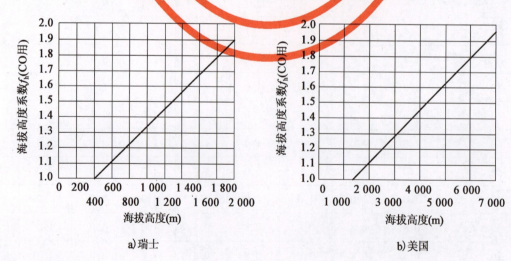

a) 瑞士   b) 美国

图 6-1 国外的 f_h 系数

6.3.3 稀释CO的需风量应按式（6.3.3）计算：

$$Q_{req(CO)} = \frac{Q_{CO}}{\delta} \cdot \frac{p_0}{p} \cdot \frac{T}{T_0} \cdot 10^6 \tag{6.3.3}$$

式中：$Q_{req(CO)}$——隧道稀释CO的需风量（m³/s）；

Q_{CO}——隧道CO排放量（m³/s）；

δ——CO浓度；

p_0——标准大气压（kN/m²），取101.325kN/m²；

p——隧址大气压（kN/m²）；

T_0——标准气温（K），取273K；

T——隧址夏季气温（K）。

条文说明

计算稀释CO的需风量时，如活动状态（坐车、步行或劳动）相同，既要考虑CO浓度，也要考虑经历时间，二者不可偏废。

式（6.3.3）中隧址设计气压可从隧道项目可行性研究报告、隧道地勘等相关资料中获取。当设计阶段无法取得该值时，可参照式（6-1）计算：

$$p = p_0 \times \exp\left(-\frac{h}{29.28T}\right) \tag{6-1}$$

式中：h——隧址设计海拔高度（m）。

6.4 隧道换气需风量

6.4.1 隧道换气需风量应按式（6.4.1）计算：

$$Q_{req(ac)} = \frac{A_r \cdot L \cdot n_s}{3\,600} \tag{6.4.1}$$

式中：$Q_{req(ac)}$——隧道换气需风量（m³/s）；

A_r——隧道净空断面积（m²）；

n_s——隧道最小换气频率，按第5.4节取值。

6.4.2 采用纵向式通风的隧道，换气需风量应按式（6.4.1）和式（6.4.2）计算，并取其大者作为隧道空间不间断换气的需风量：

$$Q_{req(ac)} = v_{ac} \cdot A_r \tag{6.4.2}$$

式中：v_{ac}——隧道换气风速，不应低于1.5m/s；

A_r——隧道净空断面积（m²）。

7 通风计算

7.1 一般规定

7.1.1 公路隧道通风设计应根据工程可行性研究、初步设计和施工图设计等阶段的要求进行相应的计算。

条文说明

在工程可行性研究阶段，根据工可阶段隧道的长度、平纵线形、横断面等条件，进行隧道需风量、设计风速等概略计算，对通风系统的经济性和合理性作初步分析。

在初步设计阶段，对通风方案进行比选并进行通风系统初步设计，即根据隧道通风设计的调查资料，计算所需风压和风量、风机的大致规格、设置台数等，同时根据交通量等提出通风系统分期实施的设计方案，确定通风系统规模。

对于技术复杂的通风系统，如全横向通风、多座竖井（或斜井）结合射流风机分段组合通风的系统，在确定组合风压、风量、分段风速、送风和排风风压、风口与风道构造形式等方面存在困难时，通常采用数值或物理模拟试验手段等进行研究分析。

在施工图设计阶段，通风计算和设计需深化初步设计或技术设计的设计成果，确定通风系统的细部构造，精确计算所需风压和风量，计算隧道投入运营后的各种通风状态（如近期单洞双向交通远期双洞单向交通、通风设施分期安装、交通量变化等），制订通风设施总体运行方案。

7.1.2 通风系统中，风机及交通通风力提供的风量和风压应满足需风量和克服通风阻力的要求。

条文说明

本条所说的风机包括射流风机、轴流风机。

7.1.3 公路隧道通风计算可把空气视为不可压缩流体；隧道内的空气流可视为不随时间变化的恒定流，且汽车行驶也可视为恒定流。在标准大气压状态下，空气物理量可按表7.1.3取值。其他状态下的空气密度ρ可按式（7.1.3）计算：

表 7.1.3 空气物理量

重度 γ （N/m³）	11.77
密度 ρ_0 （kg/m³）	1.20
运动黏滞系数 ν （m²/s）	1.57×10^{-5}

$$\rho = \rho_0 \times \exp\left(-\frac{h}{29.28T}\right) \tag{7.1.3}$$

式中：ρ——通风计算点的空气密度（kg/m³）；

ρ_0——标准大气压状态下的空气密度（kg/m³）；

T——通风计算点夏季气温（K）；

h——通风计算点的海拔高程（m）。

条文说明

隧道及通风井内通风风速一般均在30.0m/s以下，因此可以不考虑空气的压缩性。通风计算中涉及的流动，在微观上是复杂的，但在宏观上可视为恒定流，这在实际应用中是可行的。

7.1.4 沿程阻力系数及局部阻力系数应根据隧道或风道的断面当量直径和壁面粗糙度以及风道结构形状等取值，当为混凝土壁面时常用阻力系数可按表7.1.4取值。其他材料、弯道及变断面阻力系数可按附录A、附录B和附录C计算或取值。

表 7.1.4 常用阻力系数表

阻力系数	取值
隧道沿程阻力系数 λ_r	0.02
主风道（含竖井）沿程阻力系数 λ_b、λ_e	0.022
连接风道沿程阻力系数 λ_d	0.025
隧道入口局部阻力系数 ζ_e	0.5
隧道出口局部阻力系数 ζ_{ex}	1.0

条文说明

本条的阻力系数考虑的是混凝土壁面，如果采用光洁材料装饰壁面，国内外通常采用试验或实测手段等确定阻力系数。

7.2 隧道自然通风力

7.2.1 隧道自然通风力应按下列原则确定：

1 通风计算中，应将自然通风力作为隧道通风阻力考虑；当确定自然风作用引起的隧道内风速常年与隧道通风方向一致时，宜作为隧道通风动力考虑。

    2 自然风作用引起的洞内风速宜根据气象调查资料、隧道长度、纵坡等确定；当未取得相关调查结果时，可取 2.0~3.0m/s。

    3 采用通风井分段纵向式通风的隧道，各通风区段自然通风力应根据实际条件分析确定。

条文说明

    1 隧道自然风引起的压差主要由隧道洞口间的气压坡度差、隧道内外温度差引起的压差以及洞外季风吹入洞口时产生的"风墙式"压差构成。实际隧道中，因时间和自然风风速风向的变化使得这种自然通风力的大小及方向会经常变动。因此，从安全角度考虑，通风计算中通常视自然风向与交通方向逆向，即作为阻力考虑，有时也可按 $\Delta p_m = 0$ 考虑。但当确定自然风作用引起的洞内风速常年与隧道通风方向一致时，宜作为隧道通风动力考虑。

    2 关于自然风引起的洞内风速 v_n，不是指洞外大气自然风速，而是指在自然风作用下产生的洞内风速，它的大小可在隧道贯通后进行实测，但在设计阶段很难掌握，目前基本上是凭经验确定。

    3 对于用通风井分段纵向式通风的隧道，受到通风井的影响，洞外自然风引起各通风区段的洞内风速不同。因此，各通风区段自然通风力应根据各通风区段所处位置分析计算确定。

7.2.2 自然通风力应按式（7.2.2）计算。当自然通风力作隧道通风阻力时，式（7.2.2）应取"＋"；当自然通风力作隧道通风动力时，式（7.2.2）应取"－"。

$$\Delta p_m = \pm \left(1 + \zeta_e + \lambda_r \cdot \frac{L}{D_r}\right) \cdot \frac{\rho}{2} \cdot v_n^2 \tag{7.2.2}$$

式中：Δp_m——隧道内自然通风力（N/m²）；

        v_n——自然风作用引起的洞内风速（m/s），按第 7.2.1 条规定取值；

        ζ_e——隧道入口局部阻力系数，按表 7.1.4 取值；

        λ_r——隧道沿程阻力系数，按表 7.1.4 取值；

        D_r——隧道断面当量直径（m），$D_r = \dfrac{4 \times A_r}{C_r}$；

        A_r——隧道净空断面积（m²）；

        C_r——隧道断面周长（m）。

条文说明

    自然通风力与隧道长度、自然风作用引起的洞内风速成正比关系，见图 7-1。

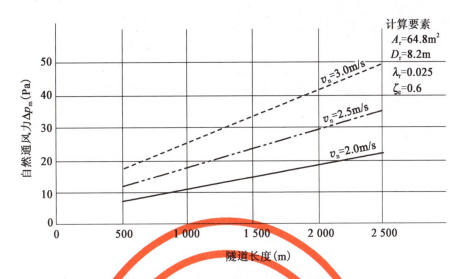

图 7-1 自然通风力 Δp_m 与隧道长度及自然风引起的洞内风速 v_n 的关系

7.3 隧道交通通风力

7.3.1 隧道交通通风力应按下列原则确定：

1 单向交通时，交通通风力宜作为动力考虑；当工况车速小于设计风速时，交通通风力应作为阻力考虑。

2 双向交通时，交通通风力宜作为阻力考虑。

3 交通通风力应按设计速度以下各工况车速分别计算。

条文说明

1 在单向交通情况下，交通通风力作为通风的一种动力。工况车速是指设计速度以下按10km/h为一档划分的车速。当工况车速小于设计风速时，车辆成为洞内气流的局部阻力，如交通堵塞或慢速行驶，交通通风力作为阻力考虑，否则会产生通风能力不足的问题。

2 在双向交通情况下，无法完全利用汽车产生的活塞风，为了避免发生通风能力不足的问题，交通通风力一般作为阻力考虑。

3 交通通风力与工况车速相关，不同工况车速形成的交通通风力不同。为了避免发生通风能力不足或过剩的问题，应按设计速度以下各工况车速分别计算交通通风力。

7.3.2 单洞双向交通隧道交通通风力可按式（7.3.2）计算：

$$\Delta p_t = \frac{A_m}{A_r} \cdot \frac{\rho}{2} \cdot n_+ \cdot (v_{t(+)} - v_r)^2 - \frac{A_m}{A_r} \cdot \frac{\rho}{2} \cdot n_- \cdot (v_{t(-)} + v_r)^2 \quad (7.3.2)$$

式中：Δp_t——交通通风力（N/m^2）；

n_+——隧道内与 v_r 同向的车辆数（辆），$n_+ = \dfrac{N_+ \cdot L}{3\,600 \cdot v_{t(+)}}$；

n_-——隧道内与 v_r 反向的车辆数（辆），$n_- = \dfrac{N_- \cdot L}{3\,600 \cdot v_{t(-)}}$；

N_+——隧道内与 v_r 同向的设计高峰小时交通量（veh/h）；

N_-——隧道内与 v_r 反向的设计高峰小时交通量（veh/h）；

v_r——隧道设计风速（m/s），$v_r = \dfrac{Q_r}{A_r}$；

$v_{t(+)}$——与 v_r 同向的各工况车速（m/s）；

$v_{t(-)}$——与 v_r 反向的各工况车速（m/s）；

Q_r——隧道设计风量（m³/s）；

A_m——汽车等效阻抗面积（m²）。

条文说明

隧道设计风速 v_r 方向为设计通风方向。本条各式中，以隧道设计风速 v_r 的方向为正向，必须注意确定 n_+、n_- 及 $v_{t(+)}$、$v_{t(-)}$ 的方向。

7.3.3 单向交通隧道交通通风力可按式（7.3.3）计算。当 $v_t > v_r$ 时，Δp_t 取 "+"；当 $v_t < v_r$ 时，Δp_t 取 "-"。

$$\Delta p_t = \pm \dfrac{A_m}{A_r} \cdot \dfrac{\rho}{2} \cdot n_C \cdot (v_t - v_r)^2 \tag{7.3.3}$$

式中：n_C——隧道内车辆数（辆），$n_C = \dfrac{N \cdot L}{3\,600 \cdot v_t}$；

v_t——各工况车速（m/s）。

7.3.4 汽车等效阻抗面积可按式（7.3.4-1）计算：

$$A_m = (1 - r_l) \cdot A_{cs} \cdot \xi_{c1} + r_l \cdot A_{cl} \cdot \xi_{c2} \tag{7.3.4-1}$$

式中：A_{cs}——小型车正面投影面积（m²），可取 2.13 m²；

A_{cl}——大型车正面投影面积（m²），可取 5.37 m²；

r_l——大型车比例；

ξ_{ci}——隧道内小型车或大型车的空气阻力系数，按式（7.3.4-2）计算；

$$\xi_{ci} = 0.076\,8 x_i + 0.35 \tag{7.3.4-2}$$

x_i——第 i 种车型在隧道行车空间的占积率（%）。

条文说明

本条提出的大型车和小型车分类根据《交通工程手册》（刘以成主编，人民交通出版社出版，1998.5）进行划分，其中大型车包括：中型及重型载货汽车、拖挂车、单个及通道式大客车；小型车包括：吉普车、摩托车、载重≤2t载货车、≤12座面包车。

由于隧道内行驶汽车的种类较多，因此应求出汽车群正面投影面积A_c和空气阻力系数ξ_c的平均值。该条文提出的值是几种主要汽车的统计值，如果有条件，可通过试验来获得空气阻力系数。

根据《汽车运用工程师手册》（何光里主编，人民交通出版社出版，1991.2），我国各类汽车的迎风面积及空气阻力系数见表7-1和表7-2。

表7-1 乘用车和商用车迎风面积和空气阻力系数

分类	乘用车			商用车辆			
子类	基本乘用车	多功能/运动型多用途车	交叉型乘用车	客车	货车	半挂牵引车	汽车列车
迎风面积（m²）	1.7~2.1	2.2~5.0	2.5~6.0	4.0~7.0	3.0~7.0	6.5~9.0	6.5~9.0
空气阻力系数	0.25~0.41	0.30~0.51	0.35~0.51	0.50~0.80	0.60~1.00	0.60~1.00	0.70~1.10

表7-2 商用货车迎风面积和空气阻力系数

汽车列车分类	迎风面积A（m²）	空气阻力系数CD
半挂汽车列车（平板货箱）	6.5	0.7
半挂汽车列车（帆布篷）	8.0	0.9
半挂汽车列车（箱式）	8.0	0.7
带货箱的半挂汽车列车	9.0	1.1
载货汽车—单车		0.85

根据相关研究，隧道内车辆的阻力系数与车辆在隧道行车空间的占积率（即车辆前投影面积在隧道行车空间截面积中所占的百分比）有关。为了正确反映纵向通风计算中车辆的活塞作用，本细则通过采用占积率来计算车辆的阻力系数。占积率是大型车和小型车正面投影面积与隧道行车空间净空面积之比。

7.4 隧道通风阻力

7.4.1 隧道内通风阻力应按式（7.4.1-1）~式（7.4.1-3）计算：

$$\Delta p_r = \Delta p_\lambda + \Sigma \Delta p_{\zeta i} \quad (7.4.1\text{-}1)$$

$$\Delta p_\lambda = \left(\lambda_r \cdot \frac{L}{D_r}\right) \cdot \frac{\rho}{2} \cdot v_r^2 \quad (7.4.1\text{-}2)$$

$$\Sigma \Delta p_{\zeta i} = \zeta_i \cdot \frac{\rho}{2} \cdot v_r^2 \quad (7.4.1\text{-}3)$$

式中：Δp_r——隧道内通风阻力（N/m²）；

Δp_λ——隧道内沿程摩擦阻力（N/m²）；

$\Delta p_{\zeta i}$——隧道内局部阻力（N/m²）；

ζ_i——隧道局部阻力系数，可按表7.1.4和附录B、附录C取值。

7.5 全射流纵向通风方式

7.5.1 全射流纵向通风方式的模式可见图7.5.1。

图7.5.1 全射流纵向通风方式模式图

7.5.2 隧道内压力平衡应满足式（7.5.2）：

$$\Delta p_r + \Delta p_m = \Delta p_t + \sum \Delta p_j \tag{7.5.2}$$

式中：$\sum \Delta p_j$——射流风机群总升压力（N/m^2）。

7.5.3 射流风机升压力与所需台数应按下列要求计算：

1 每台射流风机升压力应按式（7.5.3-1）计算：

$$\Delta p_j = \rho \cdot v_j^2 \cdot \frac{A_j}{A_r} \cdot \left(1 - \frac{v_r}{v_j}\right) \cdot \eta \tag{7.5.3-1}$$

式中：Δp_j——单台射流风机的升压力（N/m^2）；

v_j——射流风机的出口风速（m/s）；

A_j——射流风机的出口面积（m^2）；

η——射流风机位置摩阻损失折减系数，当隧道同一断面布置1台射流风机时，可按表7.5.3取值；当隧道同一断面布置2台及2台以上射流风机时，射流风机位置摩阻损失折减系数η可取0.7。

表7.5.3 单台射流风机位置摩阻损失折减系数η

Z/D_j	1.5	1.0	0.7	图示
η	0.91	0.87	0.85	

注：表中D_j表示射流风机的内径。

2 在满足隧道设计风速v_r的条件下，射流风机台数可按式（7.5.3-2）计算：

$$i = \frac{\Delta p_r + \Delta p_m - \Delta p_t}{\Delta p_j} \tag{7.5.3-2}$$

式中：i——所需射流风机的台数（台）。

3 备用射流风机宜采用同型号风机成组备用。计算所需射流风机台数为 1~6 组时，可备用 1 组；计算所需射流风机台数大于 6 组时，可考虑所需台数 15% 的备用量。

条文说明

我国大多数隧道是将射流风机悬吊于拱顶处，但也有将风机设置在靠拱脚侧壁处的情况，这时，必须充分讨论风机升压力的摩阻损失问题以及喷流速度对行车安全的影响问题。从设备检修、防火灾等方面考虑，隧道内设置的射流风机需要考虑一定的备用量。

7.6 集中送入式纵向通风方式

7.6.1 集中送入式纵向通风设计应符合下列规定：
1 集中送入式通风方式宜用于单向交通隧道。
2 应对送风口结构形式、风机房结构形式和风道连接方式进行技术经济综合比选。
3 送风口喷流方向宜与隧道轴向一致。
4 弯道部位宜设置导流装置。

7.6.2 集中送入式纵向通风方式模式可见图 7.6.2。

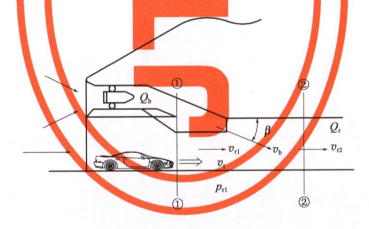

图 7.6.2 集中送入式纵向通风方式模式图

7.6.3 送风机送风口升压力可按式（7.6.3）计算：

$$\Delta p_b = 2 \cdot \frac{Q_b}{Q_r} \cdot \left(\frac{K_b \cdot v_b \cdot \cos\beta}{v_r} - 2 + \frac{Q_b}{Q_r} \right) \cdot \frac{\rho}{2} \cdot v_r^2 \quad (7.6.3)$$

式中：Δp_b——送风机送风口升压力（N/m²）；
Q_r——隧道设计风量（m³/s），一般情况下 $Q_r = Q_{req}$；
Q_{req}——隧道需风量（m³/s）；
Q_b——送风口喷出风量，即送风机风量（m³/s）；

v_b——送风口喷出风速,一般取 $20.0 \sim 30.0 \mathrm{m/s}$;

β——喷流方向与隧道轴向的夹角(°);

K_b——送风口升压动量系数,可取 $K_b = 1.0$。

7.6.4 送风口面积 A_b 可按式(7.6.4)计算,且当为两车道隧道时不宜大于 $12.0\mathrm{m}^2$。

$$A_b = \frac{Q_b}{v_b} \tag{7.6.4}$$

7.6.5 送风机风量可按式(7.6.5-1)和式(7.6.5-2)计算,送风机全压可按式(7.6.5-3)计算:

$$Q_b = \frac{Q_r}{2} \cdot \left(\sqrt{a^2 + \frac{4\Delta p_b}{\rho \cdot v_r^2}} - a \right) \tag{7.6.5-1}$$

$$a = \frac{K_b \cdot v_b \cdot \cos\beta}{v_r} - 2 \tag{7.6.5-2}$$

$$p_{\mathrm{tot}} = \left(\frac{\rho}{2} \cdot v_b^2 + \Delta p_d \right) \times 1.1 \tag{7.6.5-3}$$

式中:p_{tot}——送风机设计全风压(N/m²);

Δp_d——风道、送风口等部位的总压力损失(N/m²)。

条文说明

集中送入式纵向通风方式是将较大功率轴流风机布置在隧道洞口附近,其喷流方向与交通方向一致,所产生的风压与交通通风力共同克服隧道通风阻抗力和自然风阻力。由动量法则可得图 7.6.2 中两断面的动量方程如下:

$$-A_r \cdot \Delta p_b = \rho \cdot Q_r \cdot v_{r2} - [\rho \cdot (Q_r - Q_b) \cdot v_{r1} + K_b \cdot \rho \cdot Q_b \cdot v_b \cdot \cos\beta] \tag{7-1}$$

$$v_{r1} = \frac{Q_r - Q_b}{A_r}; \quad v_{r2} = \frac{Q_r}{A_r} \tag{7-2}$$

集中送入式纵向通风方式的工作原理与射流风机通风基本一样,属于同一类型。由于该方式在隧道内存在大风量高速喷流风速,因此一般适用于单向交通隧道。它的优点是便于集中控制和管理,升压效果显著。我国目前还没有采用该通风方式的隧道,这里所采用的通风参数参考了国外的经验和标准。

关于送风口升压动量系数 K_b,需综合考虑送风道和送风口的结构形式及工程造价,尽可能保证 $K_b = 1.0$。图 7-2 所示为送风口升压增量与送风口升压动量系数 K_b 之关系。该图为日本建设省土木研究所的试验结果。

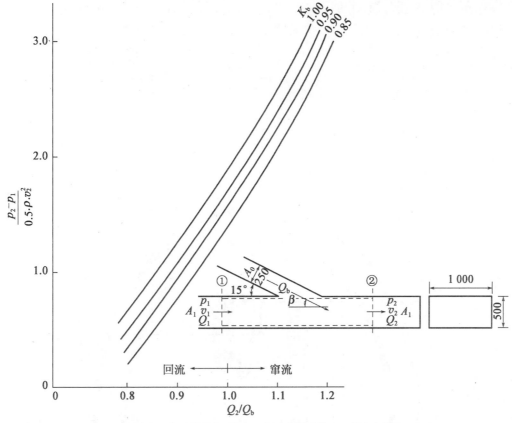

图 7-2　送风口升压增量与送风口升压动量系数 K_b（尺寸单位：cm）

7.7　通风井排出式纵向通风方式

7.7.1　当通风井排出式纵向通风方式应用于单向交通隧道时，可采用合流型或分流型通风井排出式通风，通风井宜设置在隧道出口侧位置。

7.7.2　当通风井排出式纵向通风方式应用于双向交通隧道时，宜采用合流型通风井排出式通风，通风井宜设置在隧道纵向长度中部位置。

条文说明

7.7.1～7.7.2　通风井排出式纵向通风方式是利用竖井底部产生的负压来实现换风的通风方式。该通风方式一般适用于双向交通隧道；当单向交通、在出口附近有较严格的环境要求即不允许洞内污染风吹出（出口）洞外的情况时，也可以采用该通风方式，但在隧道短区段（出口侧）气流与行车方向及隧道总体设计风向呈相反流动，压力损失较大，流态可能出现紊乱，设计计算中需充分注意这一问题。从环保角度考虑，洞内污染空气洞口排出量为零理论上是可行的，但这需要较大的通风井排风动力，消耗较大电力；另一方面汽车交通流本身会带出一部分风量，因此将洞口处的污染风量定为零很难实现，设计中需注意这一点。

7.7.3 双向交通隧道合流型通风井排出式纵向通风设计应符合下列规定：

1 双向交通隧道合流型通风井排出式纵向通风方式的压力模式可见图 7.7.3。

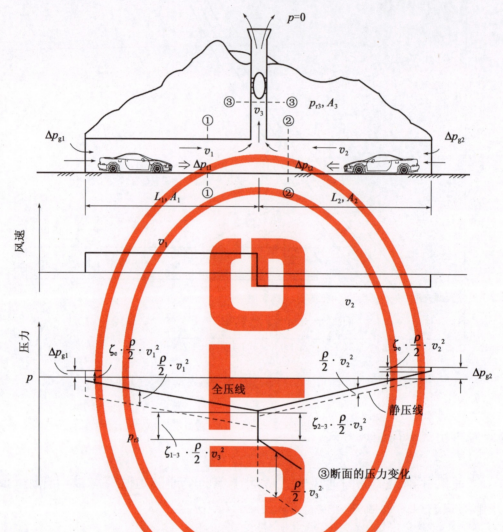

图 7.7.3 合流型通风井排出式纵向通风压力模式

2 通风井底部合流后的全压可按式（7.7.3-1）计算：

$$p_{tot3} = \Delta p_{g1} + \Delta p_{t1} - \left(\zeta_e + \lambda_r \cdot \frac{L_1}{D_r}\right) \cdot \frac{\rho}{2} \cdot v_1^2 - \zeta_{1-3} \cdot \frac{\rho}{2} \cdot v_3^2$$

$$= \Delta p_{g2} + \Delta p_{t2} - \left(\zeta_e + \lambda_r \cdot \frac{L_2}{D_r}\right) \cdot \frac{\rho}{2} \cdot v_2^2 - \zeta_{2-3} \cdot \frac{\rho}{2} \cdot v_3^2$$

(7.7.3-1)

$$\Delta p_{t1} = \frac{A_m}{A_r} \cdot \frac{\rho}{2} \cdot \left[n_{+1} \cdot (v_t - v_1)^2 - n_{-1} \cdot (v_t + v_1)^2\right] \quad (7.7.3\text{-}2)$$

$$\Delta p_{t2} = \frac{A_m}{A_r} \cdot \frac{\rho}{2} \cdot \left[n_{-2} \cdot (v_t - v_2)^2 - n_{+2} \cdot (v_t + v_2)^2\right] \quad (7.7.3\text{-}3)$$

式中：p_{tot3}——通风井底部全压（N/m²）；

Δp_{g1}——第Ⅰ区段隧道口与通风井出口之间的气象压差（N/m²），自然风与隧道通风方向一致时为正；

L_1——第Ⅰ区段长度（m）；

ζ_{1-3}——以通风井内风速为基准第Ⅰ区段的损失系数；

Δp_{g2}——第Ⅱ区段隧道口与通风井出口之间的气象压差（N/m²），自然风与隧道通风方向一致时为正；

L_2——第Ⅱ区段长度（m）；

ζ_{2-3}——以通风井内风速为基准第Ⅱ区段的损失系数；

v_1——第Ⅰ区段①-①断面平均风速（m/s）；

v_2——第Ⅱ区段②-②断面平均风速（m/s）；

v_3——通风井内③-③断面平均风速（m/s）；

Δp_{t1}——第Ⅰ区段的交通通风力（N/m²）；

n_{+1}——第Ⅰ区段内由Ⅰ区段往Ⅱ区段行驶的车辆数（辆）；

n_{-1}——第Ⅰ区段内由Ⅱ区段往Ⅰ区段行驶的车辆数（辆）；

Δp_{t2}——第Ⅱ区段的交通通风力（N/m²）；

n_{+2}——第Ⅱ区段内由Ⅰ区段往Ⅱ区段行驶的车辆数（辆）；

n_{-2}——第Ⅱ区段内由Ⅱ区段往Ⅰ区段行驶的车辆数（辆）。

条文说明

本条文图7.7.3中Δp_g为洞口与通风井出口之间存在的气象压差，以通风井出口为基准。Δp_g长期产生加压作用，为通风推力（区别于自然风阻力Δp_m）。

7.7.4 单向交通隧道合流型通风井排出式纵向通风方式的压力可按下列要求计算：

1 单向交通隧道合流型通风井排出式纵向通风方式的压力模式可见图7.7.3，隧道出口段的行车方向与隧道通风方向相反。

2 通风井底部合流后的全压可按式（7.7.3-1）计算，第Ⅰ区段、第Ⅱ区段交通通风力可按式（7.3.2）计算。

条文说明

单向交通隧道中，合流型压力模式条件下隧道短区段（出口侧）内气流与隧道总体设计风向相逆流动，并与行车方向相逆。对此，设计计算中需充分注意，以避免由于通风井底左右两侧的风量主要受交通条件影响而不均衡，出现通风量不足现象。

7.7.5 单向交通隧道分流型通风井排出式纵向通风方式的压力可按下列要求计算：

1 分流型通风井排出式纵向通风压力模式可见图7.7.5。

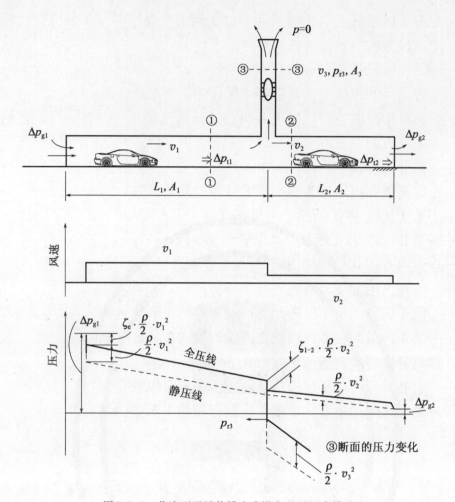

图 7.7.5 分流型通风井排出式纵向通风压力模式

2 隧道第Ⅰ区段末端的全压(分岔前的全压)可按式(7.7.5-1)计算:

$$p_{tot1} = \Delta p_{g1} + \Delta p_{t1} - \left(\zeta_e + \lambda_r \cdot \frac{L_1}{D_r}\right) \cdot \frac{\rho}{2} \cdot v_1^2 \quad (7.7.5\text{-}1)$$

式中:p_{tot1}——第Ⅰ区段末端的全压(N/m^2)。

3 隧道第Ⅱ区段始端的全压(分岔后的全压)可按式(7.7.5-2)计算:

$$p_{tot2} = \Delta p_{tot1} - \zeta_{1-2} \cdot \frac{\rho}{2} \cdot v_1^2 \quad (7.7.5\text{-}2)$$

式中:p_{tot2}——第Ⅱ区段始端的全压(N/m^2);

ζ_{1-2}——分流型风道主流分岔损失系数,可按附录 C 取值。

4 隧道第Ⅱ区段末端(出口)的全压可按式(7.7.5-3)计算:

$$\Delta p_{g2} + \frac{\rho}{2} \cdot v_2^2 = p_{tot2} - \lambda_r \cdot \frac{L_2}{D_r} \cdot \frac{\rho}{2} \cdot v_2^2 + \Delta p_{t2} \quad (7.7.5\text{-}3)$$

5 通风井底部的全压可按式(7.7.5-4)计算:

$$p_{tot3} = \Delta p_{tot1} - \zeta_{1-3} \cdot \frac{\rho}{2} \cdot v_1^2 \quad (7.7.5\text{-}4)$$

式中:p_{tot3}——通风井底部的全压(N/m^2);

ζ_{1-3}——分流型风道支流分岔损失系数,可按附录 C 取值。

7.7.6 通风井排出式宜与射流风机组合,形成通风井与射流风机组合通风方式。组合通风方式压力平衡应满足式(7.7.6)的要求:

$$\Delta p_e + \Delta p_j = \Delta p_r - \Delta p_t + \Delta p_m \qquad (7.7.6)$$

条文说明

在通风井排出式纵向通风方式的压力模式中,通风井底部左右两侧的风量受交通条件或自然风影响会出现不均衡及通风量不足的现象,从建设费和运营电力费的经济性考虑,排风量不应过大。

对于上述问题的解决方法之一是建议采用射流风机与之组合的通风方式,可调节通风井两侧区段的风量、风压平衡,避免 Ⅰ、Ⅱ 区段出现通风量不足的现象。同时,通风井排出式纵向通风中的排风系统升压效果非常小,往往难以与隧道所需压力($\Delta p_r - \Delta p_t + \Delta p_m$)平衡,为了解决升压力不足的问题,通常采用升压效果较显著的射流风机与之组合。

另一种解决方法是采取在隧道拱顶局部设置挡风板,增大某一区段通风阻力的方法进行风压调节,以满足两区段的风量及风压平衡。

挡风板有多种类型,见图7-3。通常采用其中的 A 类型。若挡风板的设置个数为3个以上时,每一个挡风板的损失系数 ζ_j 值是稳定的。当为 A 类型挡风板时,ζ_j 与设置间距和尺寸的关系见图7-4。

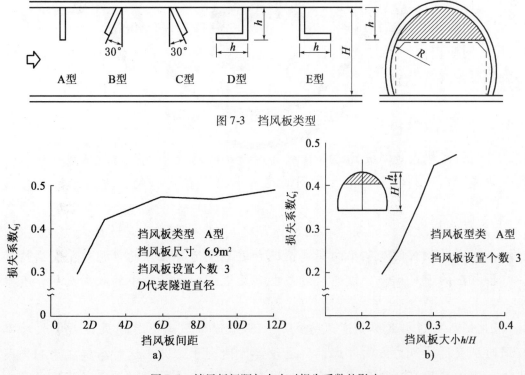

图 7-3 挡风板类型

图 7-4 挡风板间距与大小对损失系数的影响

7.7.7 通风计算应针对通风井位置以及通风井与射流风机位置等各方案相应的需风量、设计风量、风速等进行反复试算,确定合理的沿程压力分布。

7.7.8 排风机的设计风压可按式（7.7.8）计算：

$$p_{\text{tot}} = 1.1 \times (p_{\text{tot3}} + \Delta p_{\text{d}}) \tag{7.7.8}$$

式中：p_{tot}——排风机设计全压（N/m^2）；

Δp_{d}——通风井及连接风道总压力损失（N/m^2）。

条文说明

按照第7.7.3条或第7.7.5条所示的压力模式和平衡方法以及有关损失系数就可确定出各区段的风量、风速及风压，然后考虑自隧道内排风口到通风井出口止的总压力损失（含连接风道和通风井的壁面摩阻损失、弯道损失、钢网风门损失等），并考虑一定的风压富余，就可以求得风机所需的全风压力。

7.8 通风井送排式纵向通风方式

7.8.1 通风井送排式纵向通风设计应符合下列规定：
1 通风井送排式纵向通风方式宜用于单向交通隧道；近期为双向交通、远期为单向交通的隧道可采用通风井送排式纵向通风方式。
2 隧道内最大设计风速不宜大于8.0m/s。
3 设计时应防止短道段出现回流，短道段长度不应小于50m。
4 设计时应提供一定的短道段窜流风速；送风量计算应充分考虑短道段窜流风量及其污染浓度。

条文说明

通风井送排式纵向通风是通过排风井排除隧道内污染空气并通过送风井送入新风的纵向通风方式，以达到排出污染气体同时送入新鲜气体的目的，适用于特长公路隧道通风。

1 分期修建的隧道，远期为单向交通隧道时可采用通风井送排式纵向通风方式，通过对远期交通量相应的双洞单向交通情况和近期交通量相应的单洞双向交通情况分别计算、配备相应的通风设施。该通风方式也满足近期交通量较小的双向交通，有很好的经济性。

2 采用通风井送排式纵向通风方式时，隧道设计风速大其通风设施装机功率随之增加，同时从交通通风力方面考虑，隧道设计风速大于工况车速时车辆成为洞内气流的局部阻力，不能利用交通通风力活塞作用。若设计风速过小会增加通风区段数量，从而增加风道、通风井、风机等工程量，通常隧道设计风速 6.0~8.0m/s 较为经济合理。

3 为防止送、排风口间的短道内气流出现回流、短路以及污染问题，需确定合理的短道长度。短道长度越长，其间污染浓度越大，且该段无新鲜空气补充，从这个意义考虑，送排风口间的短道不宜过长；但从防止回流方面考虑，避免送风口送入的新风从排风口直接排出，影响通风效率，该短道又不应过短。因此，应综合分析确定合理值。根据国内外工程实践，通常短道段长度取 50~60m 较为合理。

4 为防止送、排风口间的短道内气流出现回流、短路，故短道段应提供一定的窜流风速。送风量应在充分估计从通风井底部窜过排风口和短道流入送风口后段的风量及其污染浓度状态的基础上加以计算确定。

7.8.2 通风井送排式纵向通风方式的压力模式可见图 7.8.2-1 和图 7.8.2-2。排风口升压力可按式（7.8.2-1）计算，送风口升压力可按式（7.8.2-2）计算：

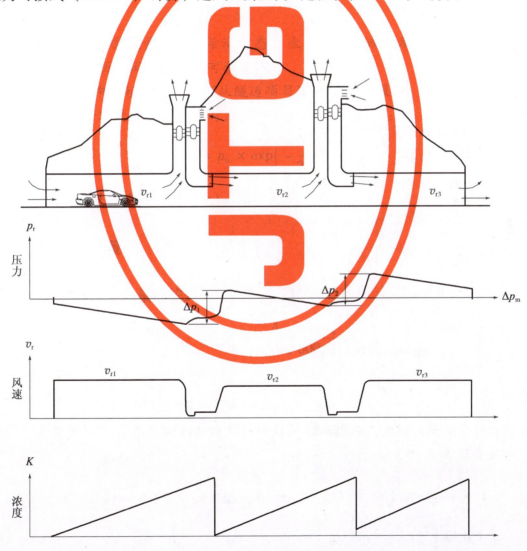

图 7.8.2-1　隧道内风速、压力及污染浓度分布图

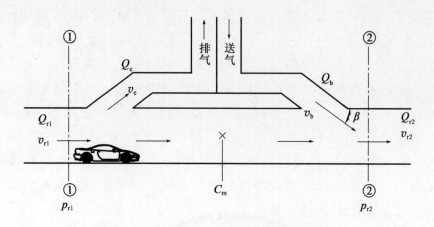

图7.8.2-2 通风井送排式纵向通风方式模式图

$$\Delta p_e = 2 \cdot \frac{Q_e}{Q_{r1}}\left[\left(2 - \frac{v_e}{v_{r1}}\cos\alpha\right) - \frac{Q_e}{Q_{r1}}\right] \cdot \frac{\rho}{2} \cdot v_{r1}^2 \qquad (7.8.2\text{-}1)$$

$$\Delta p_b = 2 \cdot \frac{Q_b}{Q_{r2}}\left[\left(\frac{v_b}{v_{r2}}\cos\beta - 2\right) + \frac{Q_b}{Q_{r2}}\right] \cdot \frac{\rho}{2} \cdot v_{r2}^2 \qquad (7.8.2\text{-}2)$$

式中：Δp_e——排风口升压力（N/m^2）；

Δp_b——送风口升压力（N/m^2）；

Q_{r1}——第Ⅰ区段设计风量（m^3/s）；

v_{r1}——第Ⅰ区段设计风速（m/s），$v_{r1} = \dfrac{Q_{r1}}{A_r}$；

Q_{r2}——第Ⅱ区段设计风量（m^3/s），$Q_{r2} = Q_b - Q_e + Q_{r1}$；

v_{r2}——第Ⅱ区段设计风速（m/s），$v_{r2} = \dfrac{Q_{r2}}{A_r}$；

Q_e——排风量（m^3/s）；

v_e——与Q_e相应的排风口风速（m/s）。

条文说明

考虑图7-5所示的模式，分别取排风口和送风口两段的隔离体，应用流体力学动量法则，即有如下关系：

$$A_r(p_{r2} - p_{r1}) = \rho \cdot Q_{r1} \cdot v_{r1} - (\rho \cdot Q_{r2} \cdot v_{r2} + \rho \cdot K_e \cdot Q_e \cdot v_e) \qquad (7\text{-}3)$$

$$A_r(p_{r4} - p_{r3}) = \rho \cdot Q_{r4} \cdot v_{r4} - (\rho \cdot Q_{r3} \cdot v_{r3} + \rho \cdot K_b \cdot Q_b \cdot v_b \cdot \cos\beta) \qquad (7\text{-}4)$$

通过数学推导整理可分别得到排风口升压力Δp_e和送风口升压力Δp_b。

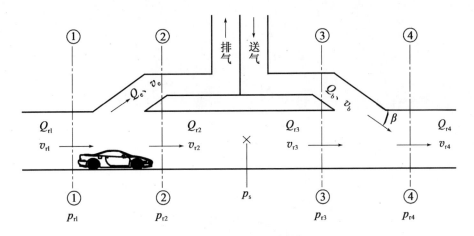

图 7-5 通风井送排口模式图

大量的计算结果和一些模型试验结果表明，若取隧道内设计风速 v_r 为 $4.0\sim7.0\text{m/s}$，排风口产生的升压力较送风口升压力小得多，因此升压作用主要依靠送风口，通常升压力计算简化为（取通风井两端设计风速一样，均为 v_r）：

$$\Delta p_\mathrm{b} = 2 \cdot \frac{Q_\mathrm{b}}{Q_\mathrm{r}} \left[\left(\frac{v_\mathrm{b}}{v_\mathrm{r}}\cos\beta - 2 \right) + \frac{Q_\mathrm{b}}{Q_\mathrm{r}} \right] \cdot \frac{\rho}{2} \cdot v_\mathrm{r}^2 \tag{7-5}$$

7.8.3 通风井送排式纵向通风设计可遵循下列原则：

1 隧道气流浓度 C 可用需风量与设计风量之比表示。通风井排风口的浓度 C_2 可按式（7.8.3-1）计算，通风井底部气流中的等效新鲜空气量 Q_sf 可按式（7.8.3-2）计算，隧道出口内侧处的浓度 C_3 可按式（7.8.3-3）计算，送风量 Q_b 与排风量 Q_e 可按式（7.8.3-4）计算：

$$C_2 = \frac{Q_\mathrm{req1}}{Q_\mathrm{r1}} \tag{7.8.3-1}$$

$$Q_\mathrm{sf} = Q_\mathrm{r1} - Q_\mathrm{e} - Q_\mathrm{req1} + \frac{Q_\mathrm{e} \cdot Q_\mathrm{req1}}{Q_\mathrm{r1}} \tag{7.8.3-2}$$

$$C_3 = \frac{Q_\mathrm{req2}}{Q_\mathrm{r1} - Q_\mathrm{e} - Q_\mathrm{req1} + \dfrac{Q_\mathrm{e} \cdot Q_\mathrm{req1}}{Q_\mathrm{r1}} + Q_\mathrm{b}} \tag{7.8.3-3}$$

$$Q_\mathrm{b} = Q_\mathrm{req} - Q_\mathrm{r1} + Q_\mathrm{e} \cdot \left(\frac{Q_\mathrm{r1} - Q_\mathrm{req1}}{Q_\mathrm{r1}} \right) \tag{7.8.3-4}$$

式中：Q_req1——隧道Ⅰ段需风量（m^3/s）；

Q_req2——隧道Ⅱ段需风量（m^3/s）。

2 排风口与送风口之间的短道不产生回流应满足式（7.8.3-5）、式（7.8.3-6）的条件：

$$\frac{Q_e}{Q_{r1}} \leqslant 1.0 \qquad (7.8.3\text{-}5)$$

$$\frac{Q_b}{Q_{r2}} \leqslant 1.0 \qquad (7.8.3\text{-}6)$$

3 设计浓度应满足式（7.8.3-7）、式（7.8.3-8）的条件：

$$0.9 \leqslant C_2 \leqslant 1.0 \qquad (7.8.3\text{-}7)$$

$$0.9 \leqslant C_3 \leqslant 1.0 \qquad (7.8.3\text{-}8)$$

4 隧道内压力应满足式（7.8.3-9）的条件：

$$\Delta p_b + \Delta p_e \geqslant \Delta p_r - \Delta p_t + \Delta p_m \qquad (7.8.3\text{-}9)$$

条文说明

当采用通风井送排式纵向通风方式时，沿隧道全长排出废气的浓度分布为，从隧道入口开始基本是直线状上升，在通风井底部达最大值，过了送风口位置，浓度急剧降低，之后又几乎呈直线状上升。如果有数个通风井，则重复上述状态，因此从理论上讲，采用这种通风方式，隧道长度没有限制。

实际情况中，隧道内其他位置有时会随机出现废气浓度接近设计允许浓度的高浓度情况，在视觉和感官方面可能不适，但由于汽车交通通风力的扩散作用，即使暂时出现高浓度情况也会很快消失。

在排风口与送风口之间的通风井底部短道内客观地存在着窜流和回流两种状态，有时受车流量、自然风、风机运转等的影响还会出现两者交替的状态。总之，短道内气流有一定流速。

污染风量（需风量）与新鲜风量（设计风量）之比 Q_{req}/Q_r 如果大于 1.0，隧道内空气污浊，这是不允许的；如果小于或等于并趋近于 1.0，则隧道内空气清洁，符合设计要求；如果远小于 1.0，虽然隧道内空气清洁，但存在浪费，设计方案不经济。本条文中提出的 0.9 是经大量设计计算后的经验值。

送风量 Q_b 与排风量 Q_e 互为相关，一般不能独立确定，需要通过试算确定合理值。

7.8.4 排风机、送风机设计风压可按式（7.8.4-1）和式（7.8.4-2）计算：

$$p_{tote} = 1.1 \times \left(\frac{\rho}{2} \cdot v_e^2 + p_{de} - p_{se} \right) \qquad (7.8.4\text{-}1)$$

$$p_{totb} = 1.1 \times \left(\frac{\rho}{2} \cdot v_b^2 + p_{db} + p_{sb} \right) \qquad (7.8.4\text{-}2)$$

式中：p_{tote}——排风机设计风压（N/m²）；

p_{totb}——送风机设计风压（N/m²）；

p_{de}——排风口、排风井及其连接风道的总压力损失（N/m²）；

p_{db}——送风口、送风井及其连接风道的总压力损失（N/m²）；

p_{se}——隧道内排风口处的总升压力（N/m²），由隧道沿程压力分布计算求得；
p_{sb}——隧道内送风口处的总升压力（N/m²），由隧道沿程压力分布计算求得。

条文说明

全压中的总压力损失 p_{de} 或 p_{db} 是由各弯道、扩径管、缩径管、沿程摩阻、进出口等引起的压力损失之和，各损失系数 ζ_i 可参照我国有关流体力学和空气动力学的专业书籍中的资料（或有关试验报告）。

7.8.5 通风井送排式纵向通风宜与射流风机组合，形成通风井与射流风机组合纵向通风方式。组合纵向通风方式压力平衡应满足式（7.8.5）的要求：

$$\Delta p_b + \Delta p_e + \Delta p_j = \Delta p_r - \Delta p_t + \Delta p_m \quad (7.8.5)$$

条文说明

通风井送排式纵向通风中的排风系统或通风井排出式纵向通风系统，其升压效果非常小，往往难以与隧道所需压力（$\Delta p_r - \Delta p_t + \Delta p_m$）平衡。为了解决升压力不足的问题，一般可采用升压效果较显著的射流风机与之组合。射流风机在组合通风中（指通风井送排式）总体来说是辅助性的，合理设置其数量及安装位置，将会起到良好的通风升压效果。

7.8.6 通风计算应针对通风井位置以及通风井与射流风机位置等各方案相应的需风量、设计风量、风速等进行反复试算，确定合理的沿程压力分布。

7.9 吸尘式纵向通风方式

7.9.1 吸尘式纵向通风设计应符合下列规定：
1 吸尘式纵向通风方式可用于特长公路隧道。
2 吸尘装置应设置在隧道内烟尘浓度达到设计浓度前的位置。
3 吸尘装置的烟尘净化率可取 70%~80%。
4 当隧道以烟尘浓度为主要通风控制指标时，可再利用经吸尘装置过滤后的空气；当隧道以一氧化碳（CO）浓度为主要通风控制指标时，应考虑空气再利用的限度。
5 应充分考虑吸尘装置的各种压力损失和始端动压等。
6 靠近吸尘装置前部的风道断面风速宜呈均匀分布，通过吸尘装置的风速不宜大于 9.0m/s。
7 采用吸尘式纵向通风方式的隧道应设置其他的火灾排烟设施。
8 吸尘装置滤除的粉尘宜作固化处理，并妥善弃放。

条文说明

1 对于特长隧道，如果在隧道内适当位置（一处或数处）设置吸尘装置滤除汽车尾排有害气体中的烟尘，就可取消或减少通风井，增加纵向通风方式的适用长度。

2 一般要求在隧道内达到设计浓度前的位置安装吸尘装置，吸尘装置处理的风量是下一区段（指两台吸尘装置之间的隧道长度）的需风量，由此吸尘装置处理风量的取值大小影响吸尘装置的设置间距和设置台数。

3 吸尘装置的除尘效率一般用烟尘净化率表示。根据国外设备技术条件及应用情况，设备烟尘净化率为70%~80%。

5 目前我国尚未有吸尘装置的应用实例及研究测试数据，参照国外关于吸尘装置的相关规定，吸尘装置自身的压力损失通常为$150 \sim 200 N/m^2$。

6 靠近吸尘装置前部的风道断面风速宜呈均匀分布，以使吸尘装置每个吸尘单元的除尘效率一样。日本关于吸尘装置的通过风速的研究表明，当处理风速为9.0m/s时，其效率较高，主流标准机型处理风速为9.0m/s。鉴于此，作出本规定。

7 当隧道发生火灾时，吸尘装置不具有吸收火灾烟雾的功能，所以需采取其他排烟设施。

8 对于吸尘机滤除的粉尘，一般将该粉尘作固化处理，以便储藏或弃放，并可作为与其他物质的混合剂加以积极利用。

7.9.2 吸尘式纵向通风模式可见图7.9.2。吸尘装置前后的隧道空间平均烟尘浓度关系可按式（7.9.2-1）计算，短道区间吸尘装置气流流出侧的平均烟尘浓度可按式（7.9.2-2）计算：

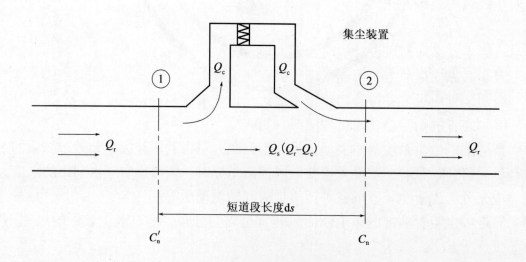

图7.9.2 吸尘式纵向通风模式图

$$C_{n} = \left(1 - \frac{Q_{c}}{Q_{r}} \cdot \eta_{VI}\right) \cdot C'_{n} \qquad (7.9.2\text{-}1)$$

$$C_{D} = C'_{n} + \frac{Q_{req(s)}}{Q_{s}} \qquad (7.9.2\text{-}2)$$

式中：C_n——吸尘后的隧道空间平均烟尘浓度比；

Q_c——吸尘装置过滤处理风量（m³/s）；

C'_n——吸尘前的隧道空间平均烟尘浓度比；

C_D——短道区间流出侧的平均烟尘浓度比；

η_{VI}——烟尘净化率（%）；

$Q_{req(s)}$——短道区间内的需风量（m³/s）；

Q_s——短道设计风量（m³/s），$Q_s = Q_r - Q_c$。

条文说明

吸尘装置已在日本、挪威成功应用于公路隧道。

由于行驶车流的活塞作用或其他通风设施的机械力作用产生隧道内通风风速，因此，在此状态下可以不依赖由吸尘装置吹出风量 Q_c 产生的升压力。

吸尘装置的安装方式一般有两种：一种是在隧道拱部轴向分散布置小容量吸尘装置的分散安装方式；另一种是在隧道主洞断面的旁侧隧道安装大容量吸尘装置的方式。当采用大容量吸尘装置时，其送风口尺寸受到结构上的制约，一般与通风井送排式纵向通风方式的送风口基本一样，风流以较高风速吹出，因此其升压力可按通风井送排式纵向通风的压力模式进行计算，并可考虑 $Q_c = Q_b = Q_e$ 的关系。

7.10 全横向和半横向通风方式

7.10.1 全横向和送风式半横向通风方式可用于单向交通隧道；全横向和半横向通风方式可用于双向交通隧道。

条文说明

相对于纵向通风方式，横向通风方式的气流是在隧道横断面上产生循环，进行换风，其车道内风速较低，排烟效果良好，特别适用于双向交通特长隧道。国内外半横向通风方式应用效果的调查表明，排风式半横向通风方式应用于单向交通隧道的通风效果差、能耗高，故作出本规定。

7.10.2 全横向、半横向通风方式的压力模式可见图7.10.2。

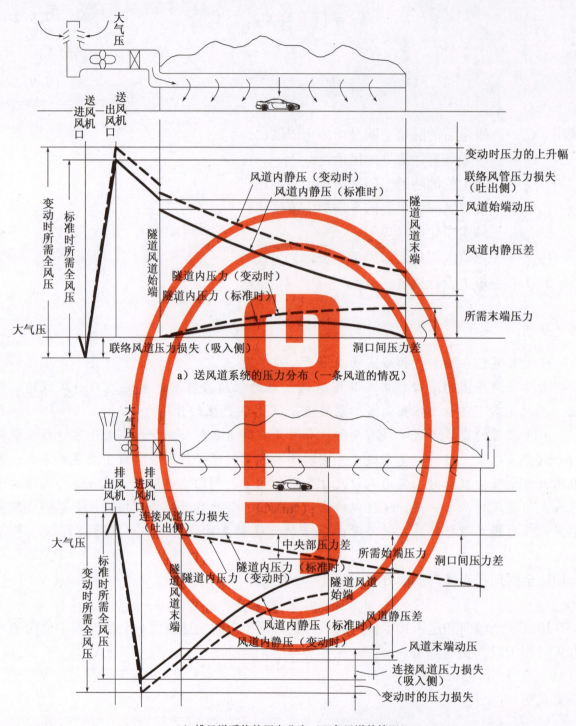

图 7.10.2 全横向、半横向通风方式的压力模式

条文说明

横向通风方式的压力模式一般可用图 7.10.2 表示。当隧道两洞口间不存在由自然风、气象温度差引起的压差（Δp_m）时，在该图中用（压力）实线表示，并作为通风

标准状态；当两洞口间存在压差时，隧道内风压应发生变化，同时风道始端和末端的压力也随之上升或下降，图中用（压力）虚线表示。风机全压一般以虚线所示的设计全压为基准来确定。

7.10.3 全横向和半横向通风方式送、排风道的风压可按下列要求计算：

1 当送风道断面积 A_b 沿隧道轴向不变，并由送风道往隧道内等量输送新鲜空气时，送风道始端动压可按式（7.10.3-1）计算，送风道静压差可按式（7.10.3-2）计算：

$$p_b = \frac{\rho}{2} \cdot v_{bi}^2 \qquad (7.10.3\text{-}1)$$

$$p_{bi} - p_{b0} = k_b \cdot \frac{\rho}{2} \cdot v_{bi}^2 \qquad (7.10.3\text{-}2)$$

式中：p_b——送风道始端动压（N/m²）；

v_{bi}——送风道始端风速（m/s），$v_{bi} = \frac{Q_b}{A_b}$；

p_{bi}——送风道始端静压（N/m²）；

p_{b0}——送风道末端静压（N/m²）；

k_b——送风道风压损失系数，$k_b = \frac{\lambda_b}{3} \cdot \frac{L_b}{D_b} - 1$；

D_b——送风道当量直径（m）；

L_b——送风道长度（m）。

2 当排风道断面积 A_e 沿隧道轴向不变，且污染空气等量向排风道排出时，排风道末端动压可按式（7.10.3-3）计算，排风道静压差可按式（7.10.3-4）计算：

$$p_e = \frac{\rho}{2} \cdot v_{e0}^2 \qquad (7.10.3\text{-}3)$$

$$p_{ei} - p_{e0} = k_e \cdot \frac{\rho}{2} \cdot v_{e0}^2 \qquad (7.10.3\text{-}4)$$

式中：p_e——排风道末端动压（N/m²）；

v_{e0}——排风道末端风速（m/s），$v_{e0} = \frac{Q_e}{A_e}$；

p_{ei}——排风道始端静压（N/m²）；

p_{e0}——排风道末端静压（N/m²）；

k_e——排风道风压损失系数，$k_e = \frac{\lambda_e}{3} \cdot \frac{L_e}{D_e} + 2$；

D_e——排风道当量直径（m）；

L_e——排风道长度（m）。

3 送风道所需末端压力应保证送风量分布的均匀性，送风道所需末端压力可取150N/m²。

4 排风道所需始端压力应保证排风的均匀性，排风道所需始端压力可取100N/m²。

条文说明

1 为确定送风道末端风道静压原点值，需确定送风道所需末端压力（$p_{b0} - p_{r0}$）。即使隧道内压力分布由于气象状态或交通状态的改变而发生变化也能保证风量分布的均匀性。该值包含两洞口间自然风引起的压差 Δp_m。

2 为确定排风道静压原点值，需确定排风道的所需始端压力（$p_{ri} - p_{ei}$）。需设计充足的始端压力，以克服行车通过后产生的负压或气象变化等引起的不良影响，保证排风的均匀性。该值包含两洞口间自然风引起的压差 Δp_m。

3~4 送风道所需末端压力和排风道所需始端压力的取值是参照日本东（京）名（古屋）高速公路隧道的实测结果确定的。

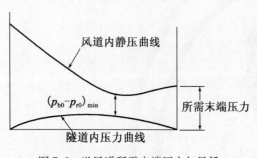

图7-6 送风道所需末端压力与最低吹出风压之关系

根据国外一些工程实践，隧道风压与送风道风压之关系可由图7-6表示，当然这与送风道的形状和尺寸有关。但在实际隧道中几乎没有（$p_{b0} - p_{r0}$）$_{min}$ 比吹出所需压力小的情况。上述的送风道末端压力和排风道始端压力均是工程实测结果，自然因素已在其中，因此可以说两洞口间气象压差 Δp_m 已包含在实测压力值之中。

7.10.4 隧道内风压可按下列原则确定：

1 当采用全横向通风方式时，标准大气压状态下的隧道内静压可取零。

2 当采用送风式半横向通风方式时，隧道 x 点的设计风速可按式（7.10.4-1）计算：

$$v_r(x) = \frac{q_b}{A_r} \cdot x \qquad (7.10.4\text{-}1)$$

式中：$v_r(x)$——x 点的隧道风速（m/s）；

q_b——每单位长度的送风量 [m³/(s·m)]；

x——距中性点（$v_r = 0$）的距离（m）。

1) 单向交通隧道的入口至中性点区段，隧道内风压分布可按式（7.10.4-2）计算：

$$p_{rc} - p_r(x_1) = \left(\frac{\lambda}{3} \cdot \frac{x_1}{D_r} + 2\right) \cdot \frac{\rho}{2} \cdot v_r^2(x_1) + \alpha \cdot \frac{x_1}{L} \cdot \frac{\rho}{2} \cdot \left[v_t^2 + v_t \cdot v_r(x_1) + \frac{1}{3} \cdot v_r^2(x_1)\right]$$

(7.10.4-2)

式中：x_1——距中性点朝隧道入口的距离（m）；

$p_r(x_1)$——x_1点的隧道静压（N/m²）；

p_{rc}——中性点的静压（N/m^2）；

$v_r(x_1)$——x_1点的隧道风速（m/s）；

α——交通通风力系数，$\alpha = \dfrac{A_m}{A_r} \cdot \dfrac{N \cdot L}{3600 \times v_t}$。

2）单向交通隧道的中性点至隧道的出口区段，隧道内静压分布可按式（7.10.4-3）计算：

$$p_{rc} - p_r(x_2) = \left(\dfrac{\lambda}{3} \cdot \dfrac{x_2}{D_r} + 2\right) \cdot \dfrac{\rho}{2} \cdot v_r^2(x_2) - \alpha \cdot \dfrac{x_2}{L} \cdot \dfrac{\rho}{2} \cdot \left[v_t^2 - v_t \cdot v_r(x_2) + \dfrac{1}{3} \cdot v_r^2(x_2)\right]$$

（7.10.4-3）

式中：x_2——距中性点朝隧道出口的距离（m）；

$p_r(x_2)$——x_2点的隧道静压（N/m^2）；

$v_r(x_2)$——x_2点的隧道风速（m/s）。

3）当双向交通且上下行交通量相等时，隧道内风压分布可按式（7.10.4-4）计算：

$$p_{rc} - p_r(x) = \left(\dfrac{\lambda}{3} \cdot \dfrac{x}{D_r} + 2\right) \cdot \dfrac{\rho}{2} \cdot v_r^2(x) + \alpha \cdot \dfrac{x}{L} \cdot \dfrac{\rho}{2} \cdot v_t \cdot v_r(x) \qquad (7.10.4-4)$$

条文说明

本条式中所示的送风式半横向通风方式的隧道风压分布计算，是在单位长度送风量q_b呈均匀分布的前提下进行的（一般为洞口两端送风的情况）。当考虑洞口单端送风时，送风道末端处的隧道风压通常为零，在送风机全压计算中一般将该处隧道风压取为零。当采用两个以上送风道将隧道划为两个以上通风区段时，可由图7-7所示的图解法，即通过隧道风压分布与风道区间的相对位置关系求解隧道风压。

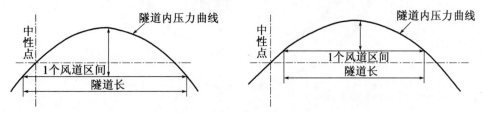

图7-7 隧道风压图解法示意图（两端送风情况）

7.10.5 连接风道的压力损失可按式（7.10.5）计算：

$$\Delta p_d = \sum_{i=1}^{m} \zeta_i \cdot \dfrac{\rho}{2} \cdot v_i^2 + \sum_{i=1}^{n} \lambda_i \cdot \dfrac{L_i}{D_i} \cdot \dfrac{\rho}{2} \cdot v_i^2 \qquad (7.10.5)$$

式中：Δp_d——连接风道的压力损失（N/m^2）；

ζ_i——第i个局部损失系数；

λ_i——第i段的沿程摩阻损失系数；

v_i——第i段的风速（m/s）；

L_i——第 i 段的长度（m）；

D_i——第 i 段的当量直径（m）；

m——连接风道局部变化个数；

n——连接风道段数。

7.10.6 风机设计全压可按下列原则确定：

1 送风式半横向通风或全横向通风的送风机设计全压 p_{btot}，可按式（7.10.6-1）计算：

$$p_{btot} = 1.1 \times (隧道风压 + 送风道所需末端压力 + 送风道静压差 +$$
$$送风道始端动压 + 连接风道压力损失) \qquad (7.10.6\text{-}1)$$

2 全横向通风的排风机设计全压 p_{etot}，可按式（7.10.6-2）计算：

$$p_{etot} = 1.1 \times (排风道所需始端压力 + 排风道静压差 -$$
$$排风道末端动压 + 连接风道压力损失) \qquad (7.10.6\text{-}2)$$

3 最终确定风机设计全压时，还应考虑风机本身的压力损失。

条文说明

送风机设计全压包括空气从换气塔口被吸入后流经连接风道、送风道、送风口送入隧道，然后从排风口排出为止的各种压力损失之和，并加上隧道风压。本条隧道风压是指隧道洞内交通通风力、自然风阻力及通风阻抗力之和。

排风机设计全压应包括空气自隧道被吸入排风口后流经排风道、连接风道，然后从换气塔口排出为止的各种压力损失之和。考虑到全横向通风方式在标准大气压状态下的隧道静压通常为零，因此式（7.10.6-2）中未考虑该项压力。

流体力学中常用单位及单位换算见附录 D。通风计算举例见附录 E。

8 风道

8.1 一般规定

8.1.1 风道设计应综合考虑通风系统的建设和运营费用。

条文说明

风道主要由主风道和连接风道及风机房内部风道构成。连接风道为隧道主洞、主风道、通风井与风机房等之间相互连接的风道。

8.1.2 风道设计应减少断面变化和转弯次数。

条文说明

风道内如果没有阻力，则其全压沿程不变。由于断面变化或转弯造成的压力损失会使全压发生变化，因此应尽可能减少弯道和断面变化。对于一些特殊的变断面或弯道，其局部压力损失的确定通常采用数值或物理模拟试验等手段进行研究分析。

风道形状的变形通常有表8-1所示的几种形式。

表8-1 风道的变形形式

变 形	图 示	说 明
弯曲		$R < 1.6D$ 时，安装隅角叶片以减小损失，也可减小偏流。 弯曲内侧做成圆滑状。 弯曲外侧可以不做成圆滑状
折曲		尽量避免 $\theta > 30°$ 的折曲。 连续折曲时，选择合适的 L/D 和 θ 角，可以减小损失。 例如，$\theta = 30°$ 时 $L = 3D$ 为最好
扩径		$\theta = 6° \sim 10°$ 时，损失最小。 $\theta = 60° \sim 70°$ 时，损失最大，此时最好做成 $\theta = 180°$ 的突变扩大

续表 8-1

变形	图 示	说 明
缩径		应避免突然缩小。 $\theta < 60°$ 较好，当 $\theta > 60°$ 时，宜做成喇叭口状，以减小损失。 喇叭口半径宜大于 $0.1D$，理想状态为 $0.3D$ 左右
分岔合流		分岔、合流的损失受风量比 Q_1/Q_2 和面积比的影响，不能一概而论，但 θ 角应尽可能小

8.1.3 风道的弯曲、折曲、扩径、缩径、分岔、合流等处宜平顺过渡，内壁面应平滑。

8.1.4 在通风井底部及风道各弯道处可设置导流叶片，在风道变断面处、合流处及送排风口等处可设置整流板；风机前后附近的风道不应产生偏流、回流及涡流等。

条文说明

为减小气流阻抗，在通风井底部及连接风道各弯道处考虑设置导流叶片，在风道变断面处、合流处及送排风口等处考虑设置整流板。

8.1.5 风机房内的连接风道设计应考虑风量调节、应急时的风机运转方式等因素，确定合理的风道形状及切换方式。

8.1.6 排风道内可设置冷却隧道火灾高温烟雾的水喷雾装置。

条文说明

由于隧道为相对封闭空间，发生火灾时火灾升温快、火灾温度高，温度可迅速达到 1 200℃ 以上，容易造成混凝土爆裂、暴露结构钢筋，破坏隧道结构。排风道兼作排烟风道时，可利用水喷雾装置对高温烟气进行冷却，保护风道结构。

8.1.7 风道隔板应具有良好的气密性、耐腐蚀性、耐火性；隔板结构应满足强度和耐久性的相关规定。

8.1.8 风道口应设置防护网，防止异物进入。

8.1.9 风道内应采取防排水措施，避免渗漏水和积水，并应防止风道口结冰。

8.1.10 各类风道的压力损失系数可按附录 C 取值。当风道在短距离内连续出现变形时，应考虑压力损失的富余量，必要时可通过模拟试验确定具体的压力损失值。

条文说明

风道壁面摩阻损失系数和风道变形损失系数的取值与压力损失的大小有着密切关系。当风道在短距离内连续出现变形（弯曲、折曲、突扩、突缩等），且压力损失非常大时，可通过试验来确定具体的压力损失系数值。

8.2 主风道

8.2.1 主风道宜沿隧道纵向布置，宜设置在隧道的上部。

条文说明

隧道主风道一般于全横向或半横向通风方式通风系统中设置，沿隧道纵向设置于隧道上部，也有设置于隧道下部或侧部的情况，见图 8-1。

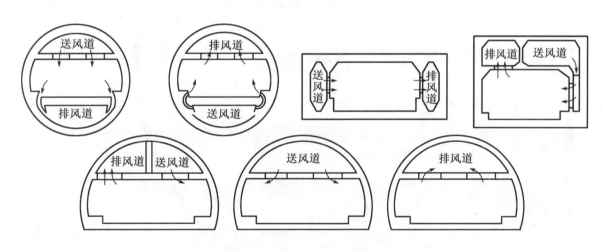

图 8-1　隧道主风道设置形式示例

8.2.2 主风道分段数与断面尺寸应综合考虑隧道通风区段划分、初期建设费、通风系统运行及维护费用等因素，经技术经济比较确定。

条文说明

对于横向通风方式而言，一个通风区段是指可独立控制风量且与其他通风区段完全隔断的区段；通常长隧道的风道被划分为 2 段或 2 段以上，形成隧道分段控制通风。

当确定了通风方式和需风量后，就可以计算隧道主风道所负担的送风量或排风量。此时，如果增大一个通风区段的长度，其主风道断面积随之增大，从而造成建设费用增加。因此，应针对主风道分段数与主风道断面积的关系，结合隧道布局条件、地形条件等要素进行风道经济性设计。

8.2.3 主风道的设计风速宜在 13.0~20.0m/s 范围内取值。

条文说明

当各通风区段及其设计风量确定后，主风道的设计风速取值直接影响主风道和隧道的断面大小，从而较大程度影响工程初期投资。主风道风速取值与隧道断面大小成反比。隧道断面偏小有利于节约工程投资，但较大的主风道风速势必增加通风系统风机的配置电机功率，导致通风系统长期运营费用增加。

因此，根据国内外技术资料、工程应用情况及研究成果总结，主风道设计风速在 13.0~20.0m/s 范围内较为经济合理。

8.2.4 设置于隧道上部的主风道，顶隔板设计应符合下列规定：
1 设计荷载应由顶隔板及其附属构件自重等恒载和风荷载、人群荷载等可变荷载组成，风荷载可按通风设计的送（排）风最大风压取值，人群荷载可按 1 000N/m² 取值。
2 恒载与风荷载和人群荷载中较大者之和作用下的最大挠度值不应大于顶隔板跨度的 1/400。
3 顶隔板的标准厚度不宜大于 20cm，特殊情况下顶隔板厚度可适当增加。

条文说明

1 关于顶隔板人群荷载，日本数座公路隧道均按 1 000N/m² 取值，属成熟经验，故本条借鉴了这一取值。
2 顶隔板允许挠度参考《公路隧道设计规范》（JTG D70—2004）规定取 1/400。
3 本条文提出顶隔板的标准厚度一般不宜大于 20cm，但需根据实际荷载和材料特性以及具体使用功能，计算后确定。当隧道照明灯具嵌入顶隔板内布置或其他特殊情况时，顶隔板厚度可适当加大。

8.2.5 当主风道兼作排烟道时，应考虑火灾高温对风道结构的影响。主风道隔板的建筑耐火极限不应低于 1.0h。

条文说明

对于横向通风方式、集中排烟的风道，火灾时顶隔板直接承受高温，结构易于变形、剥脱，从而导致漏风甚至坍塌等更严重后果，风道及顶隔板一旦破损，其修补或更换将非常困难，故作出本规定。

8.3 连接风道

8.3.1 连接风道的设计风速不宜大于13.0m/s。

8.3.2 设计时应注意连接风道间、连接风道与两端结构物间的衔接。

条文说明

连接风道断面积、长度、断面形状、连接形式等的设计，要使风道风压损失小，体现经济性。

8.4 送风孔与排风孔

8.4.1 主风道的送风孔设计应符合下列规定：
1 送风孔宜设置于隧道侧壁下部，其高度宜与汽车尾排气管距路面高度大致相等。送风道与送风孔之间应用引风道连接。
2 送风孔的面积宜按最大需风量条件下且全开时出口风速为6.0~8.0m/s计算确定。
3 采用全横向通风的隧道，送风孔间距宜取5~6m；采用半横向通风的隧道，送风孔间距宜取25m。

8.4.2 主风道的排风孔设计应符合下列规定：
1 排风孔的设置位置应根据隧道结构断面形式、主风道的布置方案确定。排风孔宜与排风道直接相连。
2 排风孔的面积宜按最大需风量条件下且全开时的吸入风速不大于4.0m/s计算确定。
3 排风孔应交错布置于两送风孔间，排风孔间距宜取送风孔间距的2倍。

条文说明

8.4.1~8.4.2 送风孔和排风孔的设置位置是根据隧道结构断面形式、主风道的布置方案确定的。当隧道断面形式为山岭隧道（马蹄形断面）且采用全横向通风方式时，通常送风孔和排风孔的布置位置见图8-2。

条文提出送风孔的设置高度宜与汽车尾排气管距路面高度大致相同，是为了尽快稀释汽车尾排气体，与排风孔形成空气交换。如果新鲜风从送风道直接吹入隧道，将会在隧道上部形成空气交换，存于隧道下部的污染风得不到交换，通风效果差；另一方面，吹入风速会因送风孔与轴流风机的距离近而大，距离远而小，形成风速不均匀。为了解决这一问题，如图8-2所示在送风道与送风孔之间设置引风道及调节孔，则吹入隧道的风速可以基本达到均匀程度。

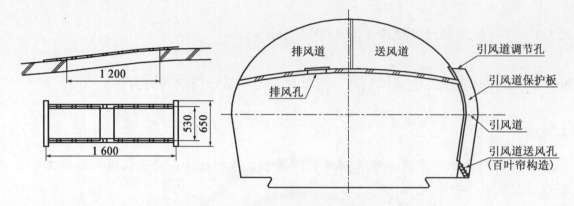

图8-2 送风孔与排风孔的位置示例（尺寸单位：mm）

排风孔与送风孔的交错布置可以避免气流的短路，在隧道断面内形成有效的空气稀释、流动及交换，保证通风效果。

8.4.3 送排风孔的开度调节应满足下列要求：
1 风孔的开度调节应满足隧道设计状态下的风量分配要求。
2 风孔宜以10个为1组进行同一开度设定。

8.4.4 送排风孔开度调节可按下列顺序进行：
1 测试风道内摩阻损失系数 λ_b。
2 初次调节风孔开度。
3 测试风道内静压分布及风速分布。
4 再调节风孔开度。
5 设定风孔开度。

条文说明

8.4.3~8.4.4 为了使新鲜空气均匀输送到隧道内，并及时排出洞内污染空气，有必要对风孔的开度进行调节，为此提出开度调节的工作要求。

测试通风状态的方法通常有以下3种：由风孔流速和开度断面积计算其流量的方法、由风道内静压分布推算的方法、由风道内风速分布推算的方法。

8.5 送风口与排风口

8.5.1 送风口的设计应符合下列规定：
1 送风口宜设置于隧道拱部，送风口设计风速宜取25.0~30.0m/s，送风方向应与隧道轴向一致。

2 送风口断面积应根据隧道送风量和送风口设计风速确定。

条文说明

送风口是指采用纵向通风方式时,与隧道主洞相连并将新风送入隧道主洞的风口。为获得大的升压力,送风口喷流风速一般取25.0~30.0m/s。风速过大,对行车安全不利。为此宜将风口构造设置于隧道拱部,并要求喷流方向与隧道轴向一致。

送风口喷流风速越快,其通风升压效果越好,但风速过大可能会给行驶车辆造成不良影响,因此一般要求不超过30.0m/s。当双向交通时,无法利用交通升压力,通常取上限30.0m/s;当单向交通时,交通升压力显著,通常取下限25.0m/s。

8.5.2 排风口设计应符合下列规定:

1 排风口宜设置于隧道侧墙,其底面与隧道检修道高度一致;排风口设计风速不宜大于8.0m/s。
2 排风口断面积不宜大于隧道主洞断面积。
3 排风口应设置防护网,并应进行防锈处理。
4 双向交通隧道中,排风口与隧道主洞的夹角宜取90°;单向交通隧道中,排风口与隧道主洞的夹角可取30°~90°。

条文说明

排风口是指采用纵向通风方式时,与隧道主洞相连并将污染风排出隧道主洞的风口。从行车安全角度考虑,排风口设计风速不宜大于隧道内设计风速,故作出排风口设计风速不宜大于8.0m/s的规定。

排风口需设置防护网,以防止异物吸入损坏风机叶片,同时也保护检修人员过往时的安全。隧道内有机动车尾气污染且洞内环境潮湿,排风口设置的防护网可能出现锈蚀,故防护网需进行防锈处理或采用不锈钢材料制作。

考虑到便于土建结构的实施和节省工程造价,本条提出排风口底面与隧道检修道高程基本齐平,排风方向与隧道轴向垂直。实际工程中也有排风口与隧道轴向呈夹角相交的情况。

8.6 风阀

8.6.1 当隧道采用2台及2台以上通风机并联设置时,应在每台通风机的前端或后端设置风阀。

8.6.2 连接风道内通风机的风阀应符合下列规定:
1 风阀宜采用平行式多叶调节阀。

2 风阀应与通风机联动,其结构应具有良好的气密性;在不大于2 000Pa压差的情况下,风阀单位面积的漏风量不应大于$0.1m^3/(s·m^2)$。

3 风阀的开闭时间不应大于30s。

条文说明

风量调节阀的气密性好,其相对漏风量可控制在5%左右,调节性能好,因此风阀宜选用调节阀。风量调节阀叶片分为对开式和顺开式,风阀有平行式多叶调节阀、对开式多叶调节阀、菱形多叶调节阀、闸阀等,并可随通风机的运转与停止而开闭。

8.6.3 主风道送(排)风孔的风阀应符合下列规定:

1 当主风道兼作火灾排烟道时,送(排)风孔应设置可调节的排烟阀。
2 风阀应具有良好的气密性。
3 风阀应能成组自动控制开、闭,并应满足现行《建筑设计防火规范》(GB 50016)的相关要求。

9 风机房与通风井

9.1 一般规定

9.1.1 风机房与通风井设计应综合考虑功能要求、位置选择、建设条件、环境保护、养护维修、运营管理及景观协调等因素。

9.1.2 风机房应具有布置轴流风机、电气设备、控制设备、其他辅助设备的空间及预留设备检修空间，并应设置大型设备搬运通道和工作通道等。

9.1.3 风机房与风道的连接应严密封闭。

9.1.4 风机房与通风井内应采取防排水措施。

9.1.5 风机房的设计除应符合本细则的规定外，尚应满足房屋建筑设计相关规范要求。通风井的设计除应符合本细则的规定外，尚应满足现行《公路隧道设计规范》（JTG D70）中隧道结构设计的要求。

条文说明

9.1.1~9.1.5 风机房的设置需满足通风系统及相关设施安装、检修、维护等要求。风机房与通风井设置位置受地形、地质、建设及管理的便利性等因素限制，其设置是否合理影响工程造价及运营管理费用。因此，要求风机房满足功能要求，位置合适，结构可靠，外观协调，便于养护维修及运营管理。

9.2 地表风机房

9.2.1 地表风机房设计应根据隧道洞口或通风井周围地形条件、大型设施设备运输、管理人员工作便利性、两隧道洞口轴向间距等因素确定位置，并应与环境协调。

条文说明

当采用集中送入式或横向通风方式时，风机房通常设置在隧道洞口处，其设置位置和形式需根据隧道洞口地形条件确定。一般分为在两洞口间设置的形式和路堑单侧设置的形式，两洞口间设置的形式见图9-1。当采用分段通风方式时，风机房设在通风井口地表处，见图9-2。

当在两隧道洞口间设置风机房时，为避免对行车造成压抑感，需注意与隧道洞口环境的协调。

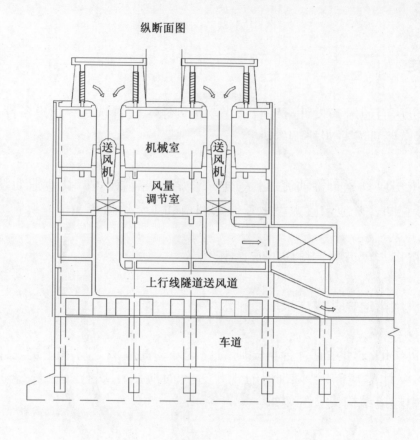

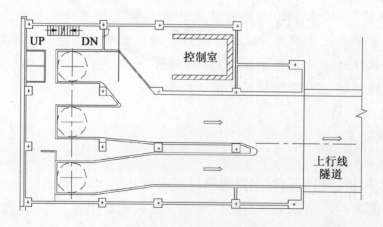

图9-1 两洞口间设置风机房实例

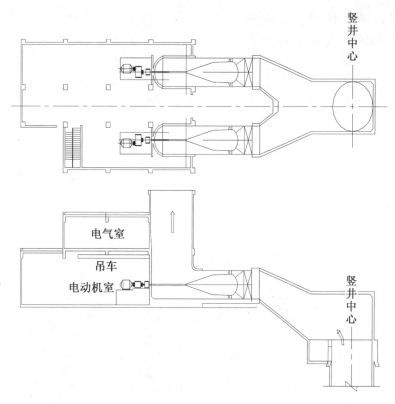

图 9-2 通风井口（地表）设置风机房实例

9.2.2 地表风机房的设置应避免对附近居民生活、环境景观等产生影响。

条文说明

地表风机房的设置可能破坏自然环境景观，影响附近居民生活，设计时需对该类影响加以考虑。例如，城镇附近的隧道地表风机房的设置可能对附近居民带来噪声、空气质量的影响，同时可能影响环境景观等。

9.3 地下风机房

9.3.1 地下风机房的设计应综合考虑地质条件、安全和经济性等因素确定设置位置，宜选择在围岩条件较好地段。

条文说明

当隧道采用通风井分段通风且设置地表风机房有困难时，可设置地下风机房，见图9-3。据国外一些技术资料，20世纪90年代以前，隧道风机房较多设置在隧道洞口附近和通风井口地表附近；但进入20世纪90年代后，一些国家尤其是日本在采用通风井分段通风方式时，较多地将风机房设在地下即通风井底部与主洞连接处的山体内，便于设备的维护管理和工作人员的进出。这种设置方式在工程费用方面一般高于洞外设置方式，但可节省土地，保护植被环境。从 2003 年以来，我国也开始设置地下风机房，其中典型工程有 G65 包茂高速公路秦岭终南山隧道、G50 沪渝高速公路方斗山隧道等。

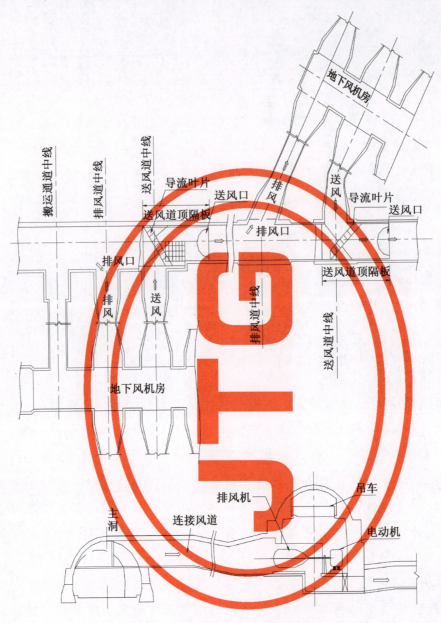

图 9-3 地下风机房实例

9.3.2 地下风机房与隧道的位置关系，可根据地质条件，隧道与通风井、连接风道的位置关系确定。

9.3.3 地下风机房的布局应满足风机及其配套设施的综合布置、运输、安装、检修等各项要求，通风机宜集中布置。

9.3.4 地下风机房与隧道之间应设置大型设备运输通道和人员逃生通道，通道应设置防火门；地下风机房与连接风道之间应设置检修通道。

9.3.5 公路隧道通风设计应进行地下风机房的通风、防潮、防尘、降噪和温度调节等设计。

条文说明

由于设备运行散发出的热量会造成地下风机房的温度升高，同时地下空间环境湿度较大，均对风机房内设备运行和管理人员造成不利影响。因此，可通过设置通风、空调等系统对风机房内的空气质量、噪声等进行调节控制，以满足人员的生理及心理条件要求和设备正常运行的需求。

9.4 通风井

9.4.1 隧道通风竖井、斜井和平行导洞可单独设置，也可组合选用。

9.4.2 通风井设置应结合隧道通风分段、通风井工程规模、隧道平纵线形、工程和水文地质条件、地形地貌、施工与运营条件等因素进行方案比选。

9.4.3 通风井应设置在地质条件总体较好的地段，应避免穿越断层破碎带、煤层、涌突水等不良地质地段。

9.4.4 通风井口宜选择在地形平坦、地势开阔、扩散效果良好的地带。通风井口高程应至少高于设计洪水频率 1/100 的水位 0.5m。

条文说明

通风井口宜选择在地形平坦、地势开阔、扩散效果良好的地带，以便于井口施工和建筑布置；并勘察井口周围的工程地质和水文地质情况，避免山体滑坡、洪涝灾害等给隧道通风系统和隧道运营带来安全隐患。

9.4.5 排烟风井不应作为隧道火灾情况下的逃生通道。

9.4.6 通风井的设计风速宜取 13.0～20.0m/s。

条文说明

通风井的设计风速取值直接影响通风井的断面大小，从而较大程度影响工程初期投资。通风井风速取值与其断面大小成反比。通风井断面偏小有利于节约工程投资，但较大的通风井风速势必增加通风系统风机的配置电机功率,导致通风系统长期运营费用增加。因此,根据国内外技术资料、工程应用情况及研究成果总结,通风井设计风速在13.0~20.0m/s范围内较为经济合理。

9.4.7 通风井顶部宜设置井帽,防止雨、雪等进入;寒冷地区应采取措施,防止通风井内与井口结冰。

9.4.8 通风竖井设计应满足下列要求:
1 竖井深度不宜超过300m;当竖井深度超过300m时,宜结合路线选择、施工安全、工程造价等进行专题论证。
2 竖井内轮廓宜采用圆形断面形式。

9.4.9 通风斜井设计应满足下列要求:
1 斜井长度不宜超过1 000m;当斜井长度超过1 000m时,宜结合路线选择、施工安全、工程造价等进行论证。
2 当斜井长度不大于700m时,斜井内设计风速可取16.0~20.0m/s;当斜井长度大于700m时,斜井内设计风速可取13.0~16.0m/s。
3 斜井的倾角应根据斜井施工的提升方式确定,箕斗提升时不宜大于35°,串车提升时不宜大于25°,胶带输送机提升时不宜大于15°,无轨运输时不宜大于12°。

9.4.10 送风井与排风井合建时,应满足下列要求:
1 当送风井与排风井合建时,应根据隧道送风量和排风量分别所需净空断面积划分通风井的各自独立空间。
2 当隧道不同通风区段的送风井合建或排风井合建时,应根据不同通风区段送风量或排风量分别所需净空断面积划分通风井的各自独立空间。

条文说明

为保证隧道左右洞各自通风系统的可靠性和稳定性,当隧道不同通风区段的送风井与送风井或排风井与排风井合建时,需要根据不同通风区段送风量或排风量分别所需净空断面积独立划分各自通风井空间。

若不同通风区段的送风井与送风井或排风井与排风井共用通风空间,将使没有较强关联性的两个通风系统形成较强的并联关系,当左洞(或右洞)的通风系统启动时,将影响右洞(或左洞)的通风系统,一旦设计或运营管理不合理,就可能互为阻力,影响通风效果。

9.4.11 平行导洞设计应满足下列要求:
1 平行导洞的设计宜结合路线选择、通风效果、工程造价、运营费用、养护管理及火灾时的逃生救援预案等进行方案比选。

  2 平行导洞的设计风速可取 13.0～20.0m/s；当平行导洞转换为人员逃生救援通道时，平行导洞的设计风速不宜大于 7.0m/s。

9.5 通风塔

9.5.1 采用地表风机房时，宜通过通风塔将新风送入通风井或将隧道内污染风排出。通风塔宜设置在通风井口附近。

9.5.2 通风塔的进风口宜设置于上风方向，排风口宜设置于下风方向；设置于山坳中的通风塔，风口宜朝开阔方向。

9.5.3 通风塔的排风口高程应大于进风口高程，其高差不应小于5m；进风口与排风口之间的平面间距不应小于5m；进风口与排风口不应同方向布置，防止窜流。

条文说明

  为防止排风对进风的污染，故作出本规定。

9.5.4 进风口底部距地面的高度不宜小于2m；当进风口布置在绿化较好区域时，进风口距地面距离可适当降低，但不应低于1 m。

9.5.5 进风塔的进风风速不宜大于8.0 m/s，排风塔的排风风速不宜大于15.0 m/s。

条文说明

  9.5.4～9.5.5 通风塔是隧道内污染空气排出及新鲜空气进入的与外界相连通的设施，影响着隧道通风系统运营效果的好坏。本条中关于通风塔设置位置、风塔风速的规定等参照现行《地铁设计规范》(GB 50157)的相关规定。

  为防止送风系统将进风口附近的灰尘、碎屑等物扬起并吸入隧道内，故作出本规定。

9.5.6 通风塔应采取安全防护措施，防止人和动物误入；并应设置风帽，防止雨、雪等进入。

条文说明

  通风塔的安全防护设计，是为预防动物、垃圾等异物进入风塔损坏设备，预防人员跌入等。

9.5.7 通风塔的排风扩散可按下列公式计算：

1 通风塔的排风口有效高度可参照图 9.5.7，并按照式（9.5.7-1）计算；排风口构造形式与排风上升效果可参见表 9.5.7。

$$H_e = H_0 + \Delta H \tag{9.5.7-1}$$

$$\Delta H = \frac{3.1005}{1 + 0.43 \times \frac{v}{v_g}} \cdot \frac{\sqrt{Q_e \cdot v_g}}{v} \tag{9.5.7-2}$$

式中：H_e——排风口有效高度（m）；
　　　H_0——排风口结构高度（m）；
　　　ΔH——排风上升高度（m）；
　　　Q_e——排风量（m³/s）；
　　　v_g——通风塔排风口风速（m/s）；
　　　v——大气平均风速（m/s）。

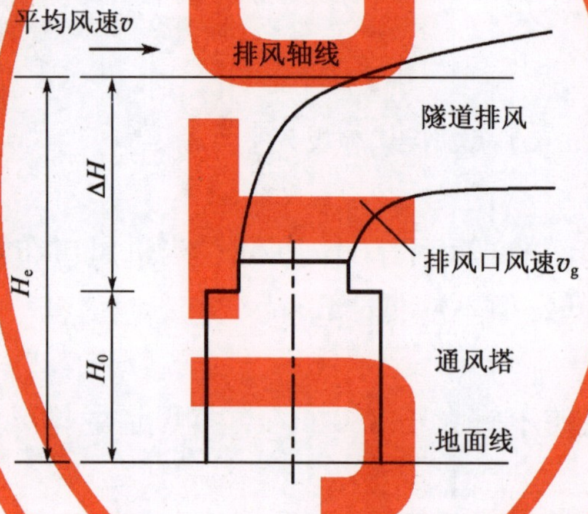

图 9.5.7 排风口有效高度

表 9.5.7 通风塔排风口构造形式与排风上升效果

	排风口形式		排风上升效果
朝上吹出	A	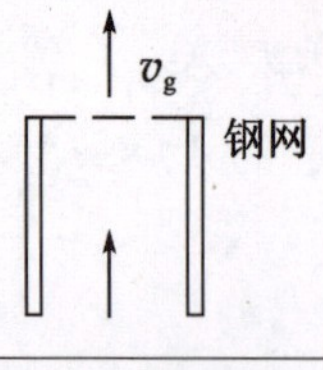 钢网	构造与工厂烟囱基本相同，其排出速度可以有效地改变上升高度
	B	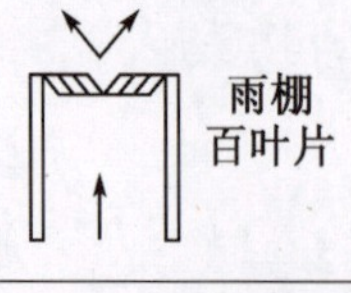 雨棚 百叶片	排气吐出方向由于有叶片而变成斜向，对上升高度的改变不利
	C	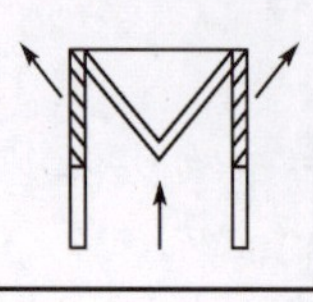	与 B 同

续表 9.5.7

排风口形式			排风上升效果
侧面吹出	D	钢网	排气的排出速度不能左右上升高度
	E	雨棚百叶窗	由于有叶片朝下，排出速度减小了排风高度，是一种不利的形式

2 排风塔排出的隧道内污染物浓度（取 $z=0$）可按式（9.5.7-3）计算：

$$C(x,y,0) = \frac{q}{\pi \cdot \sigma_y \cdot \sigma_z \cdot v} \cdot \exp\left[-\left(\frac{H_e^2}{2\sigma_z^2} + \frac{y^2}{2\sigma_y^2}\right)\right] \quad (9.5.7\text{-}3)$$

式中：C——浓度（cm^3/m^3）；

x——下风向计算点坐标（m）；

y——计算点的水平向坐标（m）；

q——发生源强度（ml/s）；

σ_y、σ_z——水平方向、垂直方向的扩散宽度（m）；

H_e——排风口有效高度（m）；

v——平均风速（m/s）。

条文说明

本条排风塔的污染物扩散计算方法参考工厂烟囱的排烟模式，假设扩散气体的污染浓度分布为正态分布，其扩散计算公式为正态型扩散式。计算式以排出源（排风口中心）为原点，沿风向为 x 轴，水平向为 y 轴，垂直向为 z 轴。地表面浓度计算即取 $z=0$。式中的扩散宽度与大气稳定度、地面糙度等诸多因素密切相关。

10 隧道火灾防烟与排烟

10.1 一般规定

10.1.1 长度 $L>1\,000\text{m}$ 的高速公路和一级公路隧道、长度 $L>2\,000\text{m}$ 的二、三、四级公路隧道应设置火灾机械防烟与排烟系统。

条文说明

根据国内工程实践，长度 $L\leqslant 500\text{m}$ 的高速公路和一级公路隧道、长度 $500\text{m}<L\leqslant 1\,000\text{m}$ 的二级公路隧道通常不设置机械防烟与排烟系统。

长度 $500\text{m}<L\leqslant 1\,000\text{m}$ 的高速公路和一级公路隧道、长度 $1\,000\text{m}<L\leqslant 2\,000\text{m}$ 的二级公路隧道是否设置防灾排烟机械通风，与隧道几何条件（长度、纵坡等）、交通条件（交通方式、交通量、交通组成、行车速度等）、有无行人及气象条件等因素有关。例如，对于长期处于三级或四级服务水平的隧道、行车方向平均纵坡 $\leqslant -3.0\%$ 的隧道等，经调研总结，为保证行车安全，通常设有机械防烟排烟系统。

10.1.2 公路隧道防烟与排烟应结合隧道长度、交通量、交通组成、断面大小、平曲线半径、纵坡、交通条件、人员逃生条件、自然条件和火灾危险性等因素进行设计。

条文说明

公路隧道火灾造成的损害和影响较大、救援困难。尤其是长隧道和特长隧道，火灾防烟与排烟是通风设计的重要组成部分。

隧道越长、交通量越大，火灾发生的概率越大；纵坡和交通条件影响通风系统的规模，也影响排烟通风的组织；隧道火灾荷载主要取决于车载可燃物类型及其数量。因此，在进行公路隧道防烟与排烟设计时，需考虑隧道长度、交通量、交通组成、断面大小、平曲线半径、纵坡和交通条件等因素。

隧道呈狭长形，隧道越长越近似于封闭空间，火灾发生后，隧道内烟雾发生量大，能见度低，散热慢，温度较高。隧道火灾发生后，安全疏散困难，容易造成交通堵塞和二次灾害。双向交通隧道、单洞单向交通隧道、车流量大或处于交通高峰期的隧道发生火灾时，由于隧道内能见度低，疏散通道有限，加之驾驶员对烟火的恐惧，更容易出现慌不择路而造成交通堵塞或出现新的交通事故，期间发生二次灾害的概率更大。火灾发生后，隧道洞内交通风急剧降低，除火灾产生的热压外，自然风对洞内通风排烟影响较大。因此，在进行公路隧道防烟与排烟设计时，需考虑人员逃生条件、自然条件和火灾危险性等因素。

10.1.3 公路隧道火灾排烟宜按隧道全线同一时间内发生一次火灾考虑。

条文说明

同一座隧道火灾通风排烟按同一时间只发生一次火灾考虑，是根据我国公路隧道建设与运营经验，并参照我国建筑、地铁及国外相关标准的要求确定的。如《建筑设计防火规范》（GB 50016—2006）中有"消防用水量应按其火灾延续时间和隧道全线同一时间内发生一次火灾，经计算确定……"的类似规定。

10.1.4 公路隧道火灾排烟方式的选择应综合考虑各种方式的技术难度、工程造价、运营维护和排烟效果等因素，经技术经济比较后确定。

条文说明

通常隧道的火灾排烟方式与隧道运营通风方式有关，隧道运营通风方式的选择与通风系统的技术难度、工程造价、运营维护和排烟效果等因素有关。火灾排烟方式是否安全、经济，经技术经济比较后确定。

10.1.5 公路隧道火灾防烟与排烟设计应遵循下列原则：
1 公路隧道火灾防烟与排烟系统宜与日常运营通风系统合用。
2 应利于人员安全疏散，避免火灾隧道的烟气侵入人行与车行横通道、相邻隧道或平行导洞以及附属用房等。
3 应能有效控制火场烟气的扩散。
4 应利于救援、灭火。

条文说明

本着安全适用和经济合理的原则，通常将通风系统设计为正常情况下通风换气与火灾情况下排烟的合用系统。排烟系统的设置与公路隧道选用的排烟方式、日常运营通风方式密切相关。例如，采用全射流纵向式通风及排烟的公路隧道，其系统合并设置方式为共用风道（即行车道空间）与风机。

人行与车行横通道、相邻隧道或平行导洞和隧道内有人值守的附属用房等是保证人员安全疏散和救援的场所，需在隧道发生火灾时不被烟气侵入，应进行防烟设计。

10.1.6 公路隧道火灾排烟设计应结合逃生避难设施和通风控制统一考虑。

条文说明

排烟系统和逃生救援设施的设置都是以保证人员安全、便于人员疏散逃生为原则进行设置，排烟系统的规模与逃生避难设施相互关联。

10.1.7 公路隧道内的下列场所应设置机械加压送风防烟设施：
1 专用避难疏散通道及其前室；
2 独立避难所（洞室）；
3 火灾时暂时不能撤离的附属用房。

条文说明

为确保隧道内附属用房和专用避难疏散通道等人员的安全疏散，根据不同的使用性质和要求，按照国家现行有关工程建设消防技术标准在防烟排烟设计中确定的一般性原则，确定了隧道中设置机械加压防烟系统的场所。

10.1.8 隧道附属用房应设置机械排烟系统。

10.1.9 隧道横通道门应具有防火、防烟功能，并应具有耐风压性能。

条文说明

横通道是火灾时人车临时避难、安全疏散的重要通道，需在隧道发生火灾时不被烟气侵入；隧道运营时在交通通风力或机械通风力的作用下，将在隧道横通道内形成一定的风压，故作出本规定。

10.2 隧道火灾排烟

10.2.1 公路隧道火灾最大热释放率应按表10.2.1确定。

表10.2.1 隧道火灾最大热释放率（MW）

通行方式	隧道长度	公路等级		
		高速公路	一级公路	二、三、四级公路
单向交通	$L > 5\,000\text{m}$	30	30	—
	$1\,000\text{m} < L \leqslant 5\,000\text{m}$	20	20	—
双向交通	$L > 4\,000\text{m}$	—	—	20
	$2\,000\text{m} < L \leqslant 4\,000\text{m}$	—	—	20

注：运煤专用通道、客车专用通道等特殊隧道火灾最大热释放率取值宜根据实际条件具体确定。

条文说明

本细则结合国内公路隧道安全隐患严重的实际情况,参考了 PIARC 2007 年技术报告引用的文献,并考虑了道路等级、隧道长度、交通方式(单向还是双向)、隧道位置(山岭还是水下)等主要因素,提出了表 10.2.1 的规定值。由于交通量与公路等级密切相关,因此这里没有再单独列出交通量的指标。

10.2.2 采用纵向排烟的公路隧道,火灾排烟需风量可按式(10.2.2)计算:

$$Q_{\mathrm{req(f)}} = A_{\mathrm{r}} \cdot v_{\mathrm{c}} \quad (10.2.2)$$

式中:$Q_{\mathrm{req(f)}}$——隧道火灾排烟需风量($\mathrm{m^3/s}$);

A_{r}——隧道净空断面积($\mathrm{m^2}$);

v_{c}——隧道火灾临界风速($\mathrm{m/s}$)。

条文说明

隧道内发生火灾时,能阻止烟雾发生逆流的最小风速称为临界风速。临界风速是隧道排烟系统设计的关键参数之一。

10.2.3 采用全横向、半横向及集中排烟的公路隧道,火灾烟雾生成率可按表 10.2.3 取值。

表 10.2.3　全横向、半横向及集中排烟的隧道火灾烟雾生成率

火灾热释放率(MW)	20	30	50
烟雾生成率($\mathrm{m^3/s}$)	50~60	60~80	80~100

条文说明

采用全横向、半横向及集中排烟的隧道火灾排烟需风量与烟雾生成率、隧道断面积、纵向风速等因素有关。本条烟雾生成率的取值参照了世界道路协会(PIARC)、欧洲等国外相关技术资料。

10.2.4 公路隧道火灾排烟设计应考虑火风压的影响,火风压可按式(10.2.4-1)、式(10.2.4-2)计算:

$$\Delta p_{\mathrm{f}} = \rho \cdot g \cdot \Delta H_{\mathrm{f}} \cdot \frac{\Delta T_x}{T} \quad (10.2.4\text{-}1)$$

$$\Delta T_x = \Delta T_0 \cdot e^{-\frac{c}{G}x} \quad (10.2.4\text{-}2)$$

式中:Δp_{f}——火风压值($\mathrm{N/m^2}$);

ρ——通风计算点的空气密度($\mathrm{kg/m^3}$);

g——重力加速度,9.8$\mathrm{m/s^2}$;

ΔH_f——高温气体流经隧道的高程差（m）；

T——高温气体流经隧道内火灾后空气的平均绝对温度（K）；

x——沿烟流方向计算烟流温升点到火源点的距离（m）；

ΔT_x——沿烟流方向距火源点距离为 x 米处的气温增量（K）；

ΔT_0——发生火灾前后火源点的气温增量（K）；

G——沿烟流方向 x（m）处的火烟的质量流量（kg/s）；

c——系数，$c = \dfrac{k \cdot C_r}{3\,600 C_p}$；

C_r——隧道断面周长（m）；

k——岩石的导热系数，$k = 2 + k' \cdot \sqrt{v_1}$，$k'$ 值为 5~10，v_1 为烟流速度（m/s）；

C_p——空气的定压比热容，取 1.012 kJ/(kg·K)。

条文说明

隧道内发生火灾时出现的附加热风压，称为火风压或浮力效应烟流阻力。火风压是由于火灾烟流变化引起的自然风压的增量。火灾烟流区火风压作用方向以沿隧道上坡方向为正，下坡方向为负。火风压随高温烟流扩散不断变化。

10.2.5 采用纵向排烟的公路隧道，火灾临界风速可按表 10.2.5 取值。

表 10.2.5　火灾临界风速 v_c

热释放率（MW）	20	30	50
火灾临界风速 v_c（m/s）	2.0~3.0	3.0~4.0	4.0~5.0

条文说明

隧道火灾排烟系统以控制洞内火灾烟雾流向并将之有效排出洞外为主要目的。采用纵向排烟的隧道，当洞内发生火灾时，烟雾通过隧道出口或就近排烟口排出。

纵向排烟的隧道排烟时洞内风速会造成烟雾紊乱，影响火灾下游烟雾分层，风速越大，紊乱现象越明显；另外，烟雾分层也会因隧道的纵向坡度和车辆而被扰乱。采用临界风速控制烟气的流动，既能防止烟雾回流危害火灾上游阻塞的车辆和滞留人员，又能延长烟雾在隧道顶壁的贴附时间，避免烟雾在下游扩散，从而增加人员的逃生时间。临界风速取决于火灾热释放率、隧道断面积和隧道净空高度。本细则总体上引用了 PIARC 的建议。

10.2.6 采用纵向排烟的单洞双向交通隧道，火灾排烟设计应遵循下列原则：

1　隧道内排烟方向和排烟风速应根据洞内火灾位置、交通情况、自然排烟条件、通风井设置情况等因素确定，应缩短烟雾在隧道内的行程。

2　火灾烟雾在隧道内的最大行程不宜大于 3 000m。

3 安全疏散阶段，纵向排烟风速不应大于0.5m/s。
4 灭火救援阶段，纵向排烟风速不应小于火灾临界风速。

条文说明

3 根据隧道火灾试验结论，火灾发生后的8~10min以内，火场纵向气流上、下风方向700m范围内形成明显的烟气—空气分层结构，高温烟气层集中在拱顶。为保证安全疏散阶段内不破坏烟气—空气分层结构，起火点附近的气流流动速度不宜过大。因此，安全疏散阶段，排烟速度不应大于0.5m/s。

4 当隧道内风速大于火灾临界风速时，烟气沿隧道纵向呈单向流动，烟气流向下风方向的温度远远高于上风方向的温度。因此，在灭火救援阶段，为使消防队员能安全地从隧道烟气流向的上风方向一侧抵达火场进行灭火救援，纵向排烟风速不应小于火灾临界风速。

10.2.7 采用纵向排烟的单向交通隧道，火灾排烟设计应遵循下列原则：
1 隧道内排烟方向应与隧道行车方向相同，烟雾应由隧道出口或就近排烟口排出。
2 火灾烟雾在隧道内的最大行程不宜大于5 000m。
3 纵向排烟风速不应小于火灾临界风速。
4 起火点下风方向的横通道防火卷帘和防火门应关闭。

条文说明

1 单向交通隧道发生火灾时，隧道的纵向排烟风速以控制烟气不发生回流为原则，以保证起火点上游区域无火灾烟雾，利于隧道内人员通过横通道及隧道行车进口疏散逃生，起火点下游区域的机动车可安全驶离隧道。因此，起火隧道内的排烟方向应与隧道交通流方向相同。

4 单向交通隧道中的排烟方向与行车方向相同，为防止起火点下游区域烟雾通过横通道扩散至另一侧隧道，因此，起火点下风方向的横通道防火卷帘和防火门应关闭。

10.2.8 采用排烟道集中排烟的公路隧道，火灾排烟设计应遵循下列原则：
1 隧道内纵向风速不宜大于2.0m/s；排烟分区内不应出现烟气回流。
2 排烟分区可按隧道通风区段划分，且每个排烟分区的长度不应大于1 000m。
3 采用横向和半横向通风方式的隧道应通过主风道排烟；烟气在隧道内蔓延长度不宜大于300m。
4 每个排烟区段内应设置排烟口，排烟口纵向间距不宜小于60m。
5 隧道内烟雾应通过沿隧道纵向布置的排烟口排出。排烟口应设置在隧道顶部或侧壁上部，排烟口可独立设置或与排风口合并设置。
6 全横向通风系统转换为排烟系统时，起火点附近应停止送入新鲜空气；隧道送风型半横向系统应转换为排风型半横向系统进行排烟。

条文说明

采用排烟道集中排烟的公路隧道，火灾烟雾通过位于隧道顶部或侧壁上部的排烟口排出隧道，可使滞留人员处于无烟环境。

根据日本实测试验的观察报告，为达到上述目的，隧道内纵向排烟速度需低于2.0m/s。当隧道内纵向风速较大时，烟雾和新鲜空气之间的剪流层就会垂直紊动，并快速冷却上层烟雾，使烟雾在整个隧道横断面上混合。但是，若隧道内纵向风速为零，在火灾发生后10min内，烟雾会以分层方式向火灾点的两侧扩散，从而给滞留洞内的驾乘人员带来危害。根据国内外有关资料，提出了火灾排烟设计要求。

10.2.9 排烟道内的设计风速不宜大于15.0m/s，排烟口的设计风速不宜大于10.0m/s。

条文说明

根据国内外有关资料，提出了排烟口及排烟道内的设计风速要求。

10.3 隧道排烟风机

10.3.1 隧道排烟风机应符合下列规定：
1 隧道排烟风机在250℃环境条件下连续正常运行时间不应小于60min；排烟风机消声器应在250℃的烟气中保持性能稳定。
2 隧道排烟风机应设置备用风机。
3 可逆式风机应能在90s内完成反向运转。

条文说明

本条对与高温烟气有直接接触的风机电机的耐高温要求，引用《消防排烟风机耐高温试验方法》（GA 211—2009）提出的"应能满足在250℃的烟气中正常工作不少于60min"的要求。

为确保风机消声器在火灾高温作用下能正常使用，提出了其耐高温的要求。

10.4 逃生通道、避难所的防烟

10.4.1 专用避难疏散通道、独立避难所的前室余压值不应小于30Pa，专用避难疏散通道、独立避难所的余压值不应小于50Pa。

10.4.2 专用避难疏散通道的防烟设计应根据其长度和净空,选择合理适用的机械正压送风方式;其前室加压送风量和送风口尺寸,应按其入口门洞风速不小于1.2m/s计算确定。

10.4.3 独立避难所防烟设计的加压送风量应按地面面积每平方米不小于30m³/h计算,新鲜空气供气时间不应小于火灾延续时间。

10.4.4 机械加压送风防烟系统送风口应靠近或正对避难疏散通道和避难所入口设置,其风速不宜大于7.0m/s。

条文说明

10.4.1~10.4.4 独立避难所机械加压送风系统保持避难空间内一定的正压值,以防止高温烟气侵入,并为避难人员提供呼吸所需的新鲜空气。参照《建筑设计防火规范》(GB 50016)、《采暖通风与空气调节设计规范》(GB 50019)等提出了独立避难所机械加压送风量、新鲜空气供气时间和排风设施的设计规定。

10.5 隧道内附属用房的防烟与排烟

10.5.1 地下风机房应设置独立的机械防烟与排烟系统。

10.5.2 隧道内附属用房设置的机械排烟系统与通风、空气调节系统宜分别设置;当合用时,通风与空调系统应采取可靠的防火安全措施,并应具备事故工况下的快速转换功能。

条文说明

隧道附属用房包括隧道运营管理中心(站)、中心控制室(站)、风机房、洞内外变电所(站)、水泵房等。隧道附属用房的防烟与排烟设计,主要归属于建筑设计范畴,可参照现行《建筑设计防火规范》(GB 50016)执行。

11 风机的选型与布置

11.1 一般规定

11.1.1 公路隧道通风可采用射流风机、轴流风机、离心风机、吸尘装置等机械设备。

条文说明

射流风机为固定参数的轴流风机,根据工作方式,可分为单向射流风机和双向可逆射流风机。

长度超过5 000m的特长隧道通风一般采用大风量低风压的轴流风机,但当送、排风机全风压达到5 000N/m² 时,通常在轴流风机和离心风机之间进行比选。从总体看,轴流风机具有体积小、与土建易配合、效率高、火灾排烟逆转方便的优点,但存在价格高、噪声大的缺点。

吸尘装置有物理性、化学性、生物性的,物理性的吸尘装置有粉尘过滤装置、静电吸尘装置等,国内开始有土壤净化装置等化学性和生物性的吸尘装置。静电吸尘装置是采用静电原理除去隧道内空气中烟尘粒子,达到改善隧道内环境、保障行车安全的目的。该设备对节约能源、保护环境非常有利。

11.1.2 风机应满足隧道通风系统使用要求,并具有良好的节能、环保特性。

11.2 射流风机的选型与布置

11.2.1 射流风机选型应满足下列要求:
1 射流风机应选用具有消声装置的公路隧道专用风机。
2 射流风机应结合不同类型射流风机的直径、单台射流风机的电机配置功率、隧道总装机功率、长期运营费用等进行选型。
3 单向交通隧道宜选择单向风机,双向交通隧道应选择双向风机,同一隧道的风机型号宜相同。
4 双向可逆射流风机反转时的风量和推力不宜低于正转的98%;反向运行的单向射流风机,其反向风量宜为正向风量的50% ~70%。

5 当隧道内发生火灾时，在环境温度为250℃情况下，射流风机应能正常可靠运转60min。

6 在野外距风机出口10m且成45°夹角处测量射流风机的A声级应小于77dB。

7 射流风机电机防护等级不应低于IP55，绝缘等级不应低于F级。

8 在额定工作条件下，风机整体设计使用寿命不应低于20年，第一次大修前的安全运转时间不应少于18 000h。

条文说明

3 在相同条件下，单向风机比双向风机具有更高的通风效率；对于单向交通隧道，无论是日常运营还是火灾工况的防灾排烟，一般均要求风机运行方向与交通方向一致。因此，单向交通隧道宜选择单向风机。由于单向风机也可反转，所以在极少数情况下需要通风系统反转运行时，射流风机也可提供一定的风量和升压力。对于双向交通隧道，洞内通风方向可能会随交通状态的变化而调整，因此，双向交通隧道选择双向风机。为便于工程建设和长期运营管理，一般情况下，同一隧道宜选择同一型号的射流风机。

8 在额定工作条件下，风机整体设计使用寿命不低于20年，但易损件除外，如风机外表面的防腐、电机和电气接线等。

11.2.2 射流风机在隧道横断面上的布置应满足下列要求：

1 射流风机不应侵入隧道建筑限界，射流风机的边沿与隧道建筑限界的净距不宜小于15cm。

2 宜采用固定式或悬吊式安装；当采用壁龛式安装时，应注意隧道结构的过渡设计，可在风机进出口设置导流叶片。

3 应根据隧道断面形状、断面大小、全隧道射流风机总体布置情况，以及供配电系统实施的合理性，确定同一断面上风机的设置数量。

4 当同一断面布置2台及2台以上射流风机时，相邻两台风机的净距不宜小于1倍风机叶轮直径，该断面的各风机型号应完全相同。

条文说明

1 在隧道内，任何设备的安装均不应侵入隧道建筑限界，特别是射流风机，更应留有足够的富余空间。根据调查，国内公路交通因各种原因导致的车辆超高现象较为普遍，鉴于射流风机质量一般超过500kg，并多安装在隧道拱部，一旦被超高车辆撞击，将带来严重的安全隐患。

鉴于此，当采用隧道拱顶吊装时，射流风机的下边沿与隧道建筑限界的顶部净距不宜小于15cm；当采用隧道侧壁固定式或壁龛式安装时，射流风机的左、右边沿与隧道建筑限界的净距不宜小于15cm。

3 一般情况下，双车道隧道同一断面布置2台射流风机；三车道、四车道隧道同一断面布置射流风机的数量根据其断面大小、照明灯具设置情况等综合确定。

11.2.3 射流风机在隧道纵向上的布置应满足下列要求：

1 射流风机的设置位置应结合隧道运营通风需求、火灾防烟与排烟、风机供配电系统的合理性等综合考虑。

2 口径不大于1 000mm的射流风机间距宜小于120m，口径大于1 000mm的射流风机间距宜大于150m。

3 长度不大于3 000m的直线隧道，射流风机可布置在两端洞口段；特长隧道的射流风机宜在两端洞口段、洞内中部等位置不少于3段分布；长度大于2 000m的曲线隧道，曲线段宜布置射流风机。

4 单向交通隧道采用洞外变电所对洞内射流风机集中供电时，行车进口段第一组风机与洞口的距离宜取100m。

5 射流风机与其他机电设备不宜相互干扰，风机预埋件宜避开车行横通道、人行横通道、紧急停车带等段落。

6 隧道曲线段内射流风机的纵向布置距离不宜大于100m。

条文说明

1 在隧道通风效果方面，射流风机均匀布置在全隧道较为理想，但在射流风机及其供配电设施中，主要投资为供配电设施；风机距变电所越远，电压降越大，所需电缆直径越大，材料费用越高。在满足隧道运营通风效果、有效防灾排烟的前提下，射流风机适度的集中布置有利于降低工程投资和长期运营费用。

2 不同口径射流风机对空气加压形成的射流长度不同，根据试验测试，本款规定的射流风机布置间距能产生较好的升压效果。

3 射流风机是通过其出口喷出的高速气流诱导隧道内空气形成一定速度来实现通风的。根据多项工程现场测试，从射流风机群的开启到隧道内形成一定的平均风速，往往需要一定的时间，譬如3～5min。因此，对于特长隧道，特别是为了防灾而设置的全射流通风系统，为提高通风系统的可靠性和效率，宜在洞内分多段布置射流风机。

4 根据实测与经验，在距洞口约200m范围内，汽车能带进足够的新鲜空气量，因此在该段落可不布置射流风机。但当单向交通隧道采用洞外变电所对洞内射流风机集中供电时，一旦行车进口段第一组风机与洞口的距离取值过大，势必造成该段落每台风机的配电电缆长度增加，从而造成较大的浪费。根据工程经验，取值100m较为合理。

5 对于设置了机械通风的隧道，往往洞内相关机电设备较多。射流风机的安装位置宜与消火栓箱、PLC控制柜等洞室相互避让；射流风机进出风口的高速气流会使摄像机的画面抖动；由于体积较大，射流风机会遮挡车道指示器、可变信息板等交通监控设施。因此，注意协调射流风机与其他机电设备的位置关系，以不相互干扰为宜。

另外，车行横通道和人行横通道处设置射流风机会带来一定的结构处理难度；通常紧急停车带有堵头墙，该堵头墙对射流风机出风口的高速气流形成较大的局部阻力，从而大大降低射流风机的通风效果，故作出本规定。

11.2.4 射流风机安装应注意下列事项：

1　风机运转的正向应与隧道通风设计的主要气流方向一致。

2　支承风机的结构承载力不应小于风机实际静荷载的 15 倍，风机安装前应做支承结构的荷载试验。

3　风机应安装安全吊链，并保持适当的松弛度；当安全吊链受力时，应能够承担射流风机及其安装支架的静荷载。

4　风机的安装连接件应选用钢构件，其表面应做防腐处理；滨海附近的隧道或洞内污染腐蚀严重的隧道，宜做好防盐雾腐蚀等处理。

5　风机的安装连接件与风机支承结构预埋件之间可采用焊接，也可采用螺栓连接，风机连接件与风机之间或与风机支承结构预埋件之间应考虑减振措施。

6　风机轴线应与隧道轴线平行，误差不宜大于 5mm。

条文说明

2　风机实际静荷载包括风机的安装支架。

3　设置安全吊链的目的，是便于隧道运营管理人员能够简单地根据安全吊链是否受力来判断射流风机吊挂预埋件和连接件是否出现安全隐患；另外，安全吊链也是射流风机吊挂的安全储备。

4　隧道内环境恶劣，油污、粉尘、结构渗漏水等污染极其严重，因此要求风机的安装连接件选用钢构件，并达到一定的防腐条件。对于滨海以及洞内存在高腐蚀物的隧道，洞内金属件往往锈蚀更加严重，射流风机安装支架可选不锈钢构件，若采用普通钢构件，则需要严格做好防腐蚀处理，如热浸镀锌加环氧树脂等。

11.2.5 射流风机的运行应符合下列规定：

1　射流风机宜成组启动；当一次需要运行多组射流风机时，应采用延时方式启动。

2　日常通风时，应优先启动累计运行时间最短的机组。

条文说明

1　当一次需要运行多组射流风机时，为避免多组风机同时启动的启动电流太大造成对隧道供电设备的冲击，采用延时方式启动。

2　为保证各组（台）射流风机均衡运行，在日常通风时，应优先启动累计运行时间最短的机组。

11.3 轴流风机的选型、布置与风量调节

11.3.1 轴流风机的选型应满足下列要求：

1 应根据设计要求确定风机特性，并应根据不同设置场所和环境条件选择轴流风机。

2 宜选用大风量、低风压、静叶可调的轴流风机；应结合隧道设计风量、风压、功率及效率选择风机型号。

3 在通风系统土建工程施工完毕、轴流风机安装之前，应结合土建施工情况、轴流风机性能，根据通风系统摩擦阻力和风机全压效率等对轴流风机配备参数进行验算。

4 火灾排烟轴流风机的绝缘等级不应低于 F 级，其他轴流风机的绝缘等级不应低于 H 级；轴流风机的防护等级不应低于 IP54。

条文说明

轴流风机的技术参数包括风量、全压、全压效率、电机功率、转速、电压等级、噪声、直径、质量限制等规格。

1 公路隧道轴流风机一般由叶轮、机壳、集流器、流线罩、叶片、扩散器、软连接、风阀等组成，有的也可增加导流器。轴流风机的构造形式有卧式和立式，国外两种形式均有采用，目前我国多采用卧式风机。

2 国内早期采用大型轴流风机通风的隧道，如深圳梧桐山隧道、上海延安路隧道等，轴流风机均为动叶可调，但实际运营中，几乎没有使用过。大型轴流风机的选型要重点考虑满足不同运营期的要求。

3 在通风系统土建工程完工以后、轴流风机安装之前，对轴流风机的配置参数进行校验，是通风设计必不可少的环节。

11.3.2 轴流风机的功率计算应满足下列要求：

1 轴流风机的全压输出功率应按式（11.3.2-1）计算：

$$S_{th} = \frac{Q_a \cdot p_{tot}}{1\,000} \times \left(\frac{273 + t_0}{273 + t_1}\right) \times \frac{p_1}{p_0} \qquad (11.3.2\text{-}1)$$

式中：S_{th}——轴流风机的全压输出功率，即理论功率（kW）；

Q_a——轴流风机的风量（m³/s）；

p_{tot}——轴流风机的设计全压（N/m²）；

t_1——风机环境温度（℃）；

t_0——标准温度（℃），取 20℃；

p_1——风机环境大气压（N/m²）；

p_0——标准大气压（N/m²）。

2 轴流风机的全压输入功率应按式（11.3.2-2）计算：

$$S_{kw} = \frac{S_{th}}{\eta_f} \tag{11.3.2-2}$$

式中：S_{kw}——轴流风机的全压输入功率，即轴功率（kW）；
η_f——风机的全压效率，可取80%。

3 轴流风机所需配用的电机输入功率应按式（11.3.2-3）计算：

$$M_1 = \frac{S_{kw}}{\eta_m} \times k_l \tag{11.3.2-3}$$

式中：M_1——电机输入功率（kW）；
η_m——电机效率（%），可取90%~95%；
k_l——电机容量安全系数，可取1.05~1.10。

条文说明

轴流风机的轴功率不可能全部转变为有效功率，用效率来反映通风机能量损失的大小。

11.3.3 轴流风机的设置应满足下列要求：
1 宜选择卧式安装的轴流风机；设置条件有限、安装场地不足时，可选用立式安装的轴流风机。
2 轴流风机宜2~3台并联设置；采用4台并联运行时，应事先根据风机的规格和性能参数，进行必要的技术论证。并联运行的各风机型号和性能参数应完全一致。
3 并联的各轴流风机宜设置防喘振装置。
4 同一送风系统或排风系统可考虑1台同型号备用轴流风机。

11.3.4 轴流风机的风量调节宜选用转速控制法和台数控制法相结合的方法，并应充分考虑风机的动力消耗。隧道通风的风量分档应根据交通量随时间的变化确定，宜按有级分档划分。

条文说明

轴流风机的风量调节方法有转速控制法、台数控制法及其组合等方法。

11.3.5 根据环保和使用环境要求，宜在风机的两端或一端配置主动式消声器对轴流风机进行消声；轴流风机的噪声可按式（11.3.5）推算：

$$L_a = L_{sa} + 10 \cdot \lg(Q_a \cdot p_{tot}^2) \tag{11.3.5}$$

式中：L_a——噪声级水平[dB（A）]；
L_{sa}——比噪声级[dB（A）]。

11.3.6 轴流风机运行时的振速不宜大于6mm/s。

11.3.7 轴流风机的电机应为全封闭风冷式鼠笼型三相异步电机，电机的防护等级不应低于IP55，电机的制造应满足下列要求：
 1 风机配备电机的输出功率不应小于风机所需的输入功率。
 2 在满足通风系统需求的前提下，实际安装风机所配备电机的输入功率不应大于通风设计阶段确定的风机配备电机输入功率。
 3 轴流风机配备电机的电压等级应根据供电电压、设置空间、控制装置等设施综合选择；风机电机宜采用降压启动方式。

条文说明

公路隧道通风所采用的轴流风机配备电机的电压等级通常有380V、3 000V、6 000V、10kV四个等级，根据各电压等级的适用条件选择经济的电压等级。

12 通风控制设计原则

12.1 一般要求

12.1.1 采用机械通风的隧道风机均应具备手动控制功能。高速公路和一级公路隧道宜以自动控制方式为主，二级、三级及四级公路隧道可采用自动控制方式。

条文说明

通风控制的目的是以公路隧道交通安全为前提，通过及时对隧道内空气中的有害物浓度、风速、风向等环境参数进行实时监测，根据需要控制通风设备。同时，通风控制是实现隧道通风系统节能运行的重要措施，通过控制通风设备的运行时间及数量，达到节能目的。

12.1.2 公路隧道通风系统控制方案应根据采用的通风方式，分别针对正常运营工况、火灾及交通阻滞等异常工况、养护维修工况等通风需求制订。

条文说明

设计阶段，通风系统设计人员应根据不同工况所需的风机数量、运行方式等提出通风系统的控制方案及策略，包括各工况下的风机数量、风机组合方式、风机的正转或反转，以及火灾工况下的排烟、救援方案等，以便于监控系统设计人员按通风系统的运营要求设置相应的设施及编制控制软件等，从而满足隧道内污染空气的通风标准，并实现经济运行。

12.1.3 通风控制系统应与照明控制系统、火灾报警与消防系统、交通监控系统、中央控制系统等实现联动控制。

条文说明

通风控制系统应与照明控制系统、火灾报警与消防系统、交通监控系统、中央控制系统等联合使用，形成有效、可靠、及时的控制系统，满足隧道在各种情况，尤其是紧急情况、火灾工况下的风机启停要求等。

12.1.4 风机控制应设定相应于隧道运营需求的风量级档。风量级档划分不宜过细，并应充分考虑运营动力消耗与风机运行时间。当隧道通风系统中有轴流送风机、轴流排风机与射流风机时，应针对各种风机确定合理的组合风量级档。

条文说明

一般来说，风机（含排风机、送风机、射流风机）的叶片转速可以无级改变其输出风量，但如果按无级控制或级档分得过细，对隧道而言，一方面其风量感应迟缓，控制效率低下，另一方面会导致控制系统复杂化，设备消耗大，费用增加。因此本条提出风量级档的划分不宜过细。

12.1.5 风机控制应满足下列要求：
1 当每日交通量分布较为固定或柴油车混入率变化较小时，宜采用程序控制方式。
2 电机的启停不宜过于频繁。
3 每台（组）风机应间隔启动，时间间隔应大于 30s。

12.2 隧道火灾工况下的防烟与排烟控制

12.2.1 火灾工况下的防烟与排烟控制应与隧道火灾报警、闭路电视监视、交通监控等隧道其他监控系统联合使用。

条文说明

隧道紧急情况下的控制是一套复杂的系统。火灾工况下的通风排烟控制不仅是如何启动风机进行有效排烟的问题，还应与隧道火灾报警、闭路电视监视、交通监控等隧道其他监控系统联合使用，形成综合可靠的系统方案。

12.2.2 防烟与排烟监控系统应满足下列要求：
1 应具有风速、风向和火灾监控功能。
2 应具有安全疏散、灭火救援等不同阶段、不同排烟方式的防烟与排烟、逃生诱导、救援指挥等控制和运行模式。
3 应能根据起火点位置，合理确定相应系统的排烟量与风速控制模式。
4 应具备根据火灾现场的实际情况和要求，适时调整防烟排烟系统的控制功能。

12.2.3 防烟与排烟系统应设置自动控制和手动控制装置，应具有现场控制、远程控制和联动控制功能。火灾工况下，现场控制装置发出的控制指令应优于其他控制指令。

条文说明

12.2.2~12.2.3　火灾情况下,隧道烟气控制最关键的问题是隧道内防烟排烟设施能及时、准确地启动。就控制设备而言,现场控制比远程控制更能实现这一要求。现场人员对火灾情况、交通状况等现场实际情况的了解,比远端监控更直接、详细,所确定的通风控制要求更切合实际,因此要求现场控制优于远程控制。

12.2.4　手动控制装置应设置在安全且便于操作的地方,并应有明显的标志和保护措施,其操作按钮距地面的高度不宜超过1.5m。

条文说明

为保证隧道内手动控制装置能安全、及时、准确启用,隧道内的手动控制装置要设置在安全、便于操作的地方,通常还有不受火灾、烟气威胁的保护措施。

12.2.5　排烟风机的电机启动器、驱动装置、断开装置及其控制装置应与风机气流隔离。

条文说明

火灾情况下,烟气温度较高,为避免风机的驱动、控制设备因高温烟气造成损坏,导致风机不能正常工作,影响通风和灭火救援,需要对排烟风机的电气、驱动、监控装置采取必要的防止烟气侵入的隔离措施。

12.2.6　当双洞单向交通隧道其中一洞发生火灾需进行通风排烟和救援时,双洞均应进行交通管制,同时启动相应的通风排烟系统。

附录 A 沿程阻力系数

A.0.1 直线风道沿程阻力系数可按式（A.0.1）计算：

$$\lambda = \frac{1}{(1.1138 - 2\lg\frac{\Delta}{D})^2} \quad (A.0.1)$$

式中：Δ——平均壁面粗糙度（mm），可按表 A.0.1 取值；
　　　D——风道断面当量直径（m）。

表 A.0.1　平均壁面粗糙度 Δ

壁面材料及特征		Δ（mm）
混凝土壁面	抹平度良好	0.3~0.8
	抹平度一般	2.5
	粗糙	3~9
水泥浆壁面	抹平度良好	0.3~0.8
	抹平度一般	1.0~2.0
	粗糙	2.9~6.4
陶瓷贴面		1.4

A.0.2 平面曲线半径 $R < 2000$m 的曲线段，沿程阻力系数可按式（A.0.2）计算：

$$\lambda_c = 1.8235\lambda \cdot R^{-0.078} \quad (A.0.2)$$

式中：λ_c——曲线隧道壁面摩阻损失系数；
　　　λ——隧道壁面摩阻损失系数；
　　　R——曲线段平面曲线半径（m）。

附录 B 弯曲与折曲风道压力损失系数

B.0.1 不带导流叶片弯曲风道压力损失系数可按下列规定取值：

1 90°圆形弯曲风道不带导流叶片弯曲（图 B.0.1-1）的压力损失系数 ζ_b 可按表 B.0.1-1 取值。当弯曲风道不是 90°时，应乘以修正系数 ε_θ 进行修正，修正系数可按表 B.0.1-2 取值。弯曲管道的曲率半径 R 宜在 $(1\sim 4)D$ 范围内。

表 B.0.1-1 90°圆形风道弯曲压力损失系数 ζ_b

R/D	0.5	0.75	1.0	1.5	2.0	2.5
ζ_b	0.71	0.5	0.25	0.15	0.13	0.12

注：D 为风道的当量直径（m）。

表 B.0.1-2 圆形风道弯曲压力损失修正系数 ε_θ

θ (°)	0	20	30	45	60	75	90	110	130	150	180
ε_θ	0	0.31	0.45	0.6	0.78	0.9	1.0	1.13	1.2	1.28	1.4

2 90°矩形风道不带导流叶片弯曲（图 B.0.1-2）的压力损失系数 ζ_b，当雷诺数 $\mathrm{Re} \geqslant 20\times 10^4$ 时，可按表 B.0.1-3 取值；当 $\mathrm{Re} < 20\times 10^4$ 时，可按式（B.0.1-1）计算：

$$\zeta_b' = \varepsilon_{\mathrm{Re}} \times \zeta_b \quad (\mathrm{B.0.1\text{-}1})$$

式中：$\varepsilon_{\mathrm{Re}}$——修正系数，可按表 B.0.1-4 取值。

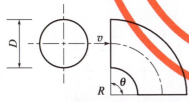

图 B.0.1-1 90°圆形风道弯曲图例

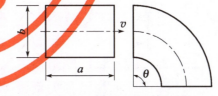

图 B.0.1-2 90°矩形风道弯曲图例

表 B.0.1-3 90°矩形风道弯曲压力损失系数 ζ_b

R/b	a/b										
	0.25	0.5	0.75	1.0	1.5	2.0	3.0	4.0	5.0	6.0	8.0
0.5	1.5	1.4	1.3	1.2	1.1	1.0	1.0	1.1	1.1	1.2	1.2
0.75	0.57	0.52	0.48	0.44	0.40	0.39	0.39	0.40	0.42	0.43	0.44
1.0	0.27	0.25	0.23	0.21	0.19	0.18	0.18	0.19	0.20	0.27	0.21
1.5	0.22	0.20	0.19	0.17	0.15	0.14	0.14	0.15	0.16	0.17	0.17
2.0	0.20	0.18	0.16	0.15	0.14	0.13	0.13	0.14	0.14	0.15	0.15

表 B.0.1-4　90°矩形风道弯曲压力损失系数修正系数 ε_{Re}

R/b	Re×10⁴								
	1	2	3	4	6	8	10	14	≥20
0.5	1.40	1.26	1.19	1.4	1.09	1.06	1.04	1.0	1.0
≥0.75	2.0	1.77	1.64	1.56	1.46	1.38	1.30	1.15	1.0

3　圆形折曲风道的压力损失系数 ζ_b 可按式（B.0.1-2）计算或按表 B.0.1-5 查取。

$$\zeta_b = 0.946 \sin^2\left(\frac{\theta}{2}\right) + 2.05 \sin^4\left(\frac{\theta}{2}\right) \qquad (B.0.1-2)$$

表 B.0.1-5　圆形折曲风道的压力损失系数 ζ_b

θ	ζ_b	图　示
15°	0.022	
30°	0.073	
45°	0.183	
60°	0.365	
90°	0.99	
120°	1.86	

4　矩形折曲风道压力损失系数 ζ_b 可按图 B.0.1-3 取值。

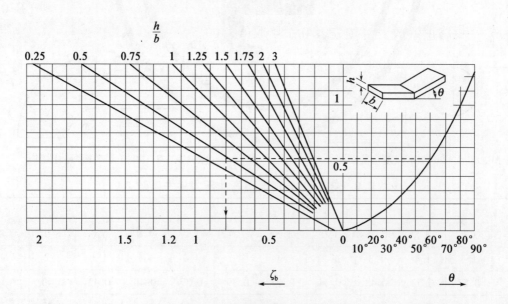

图 B.0.1-3　矩形折曲风道压力损失系数 ζ_b

5　圆形或矩形变断面折曲风道压力损失系数 ζ_b 可按图 B.0.1-4 取值。

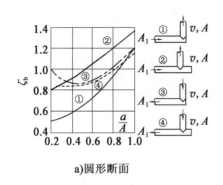
a) 圆形断面

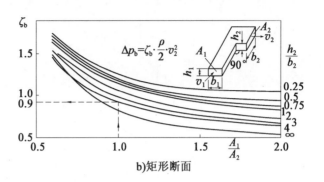
b) 矩形断面

图 B.0.1-4 变断面折曲风道压力损失系数 ζ_b

A_1、A_2-断面积

B.0.2 带导流叶片弯曲风道压力损失系数可按下列规定取值：

1 在压力损失较大的圆形或矩形风道弯曲段，在以下两种情况下应安装导流叶片，以尽量减少通风风道的压力损失：

1）$R < 1.6D$ 时，应安装导流叶片；

2）在空气经过弯曲/折曲风道段后，对于通风机吸入侧、风道前端部附近等不希望出现偏流、涡流的位置，应安装导流叶片。

2 弯曲管道中设置导流叶片时，在矩形断面的急剧弯曲部位，其弯曲角 θ 与 ζ_b 之间关系应满足下列规定：

1）当 θ 的数值较小时，ζ_b 几乎与 θ 成正比；

2）当 θ 为 60°～90° 时，ζ_b 基本不会随 θ 的变化而变化；

3）确定弯曲角度的相对值可参照图 B.0.2-1。

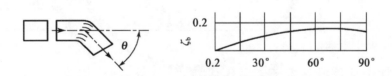

图 B.0.2-1 设导流叶片弯曲风道角度 θ 与 ζ_b 关系图

3 导流叶片的设计尺寸应结合图 B.0.2-2，通过式（B.0.2-1）~式（B.0.2-3）来计算确定；导流叶片在构造上应确保检查人员可以穿行通过。导流叶片可做成两种形状，一种为简化弯曲圆柱面形状的翼型，另一种为同心圆弧形状的薄圆型，如图 B.0.2-3 所示。翼型导流叶片的剖面尺寸可按表 B.0.2-1 制作。

$$W/d = 4 \sim 6 \quad (B.0.2\text{-}1)$$

$$R/d = 1.5 \sim 2.6 \quad (B.0.2\text{-}2)$$

$$L/d = 2.0 \sim 3.0 \quad (B.0.2\text{-}3)$$

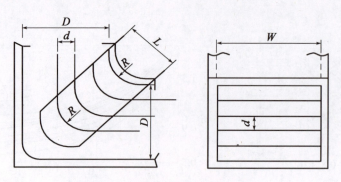

图 B.0.2-2 导流叶片尺寸设计图示

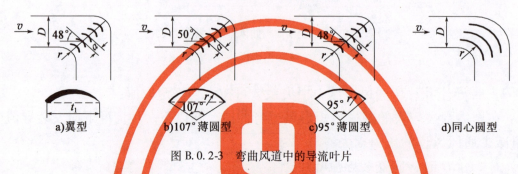

a)翼型   b)107°薄圆型   c)95°薄圆型   d)同心圆型

图 B.0.2-3 弯曲风道中的导流叶片

表 B.0.2-1 翼型导流叶片的剖面尺寸

代号	相对尺寸	代号	相对尺寸	图示
x_2	$0.519t_1$	y_2	$0.215t_1$	
x_2	$0.489t_1$	z_1	$0.139t_1$	
r_1	$0.663t_1$	z_2	$0.338t_1$	
r_2	$0.553t_1$	z_3	$0.268t_1$	
y_1	$0.463t_1$	l	$0.033t_1$	

注：其弦长 t_1 可取 90°圆弧的弦长，即 $t_1=\sqrt{2}r$。

1）导流叶片正常数目 n 可按式（B.0.2-4）计算：

$$n = 2.13 \times \left(\frac{r}{D}\right)^{-1} - 1 \tag{B.0.2-4}$$

2）导流叶片最少数目 $n_{\min}$ 可按式（B.0.2-5）计算：

$$n_{\min} = 0.9 \times \left(\frac{r}{D}\right)^{-1} \tag{B.0.2-5}$$

3）导流叶片减少数目 n' 可按式（B.0.2-6）计算：

$$n' = 1.4 \times \left(\frac{r}{D}\right)^{-1} \tag{B.0.2-6}$$

4）若减少叶片数目，可从靠近弯曲管外壁的叶片开始，依次取掉。

4 带导流叶片的弯曲风道的损失系数，可按表 B.0.2-2～表 B.0.2-4 取值，必要时可进行模型试验确定损失系数值。

表 B.0.2-2　带翼型导流叶片矩形弯曲风道压力损失系数 ζ_b（$\theta=90°$）

叶片数目	r/D						
	0	0.1	0.2	0.3	0.4	0.5	0.6
正常叶片数目	0.35	0.25	0.19	0.19	0.20	0.25	0.35
减少叶片数目	0.35	0.25	0.17	0.14	0.16	0.22	0.34
最少叶片数目	0.47	0.35	0.29	0.26	0.20	0.18	0.21

注：当 $Re < 10^5$ 时，表中数据应乘以修正系数 k_{Re}，k_{Re} 可按表 B.0.2-5 取值。

表 B.0.2-3　带薄圆型导流叶片矩形弯曲风道压力损失系数 ζ_b（$\theta=90°$）

叶片数目	r/D						
	0	0.05	0.10	0.15	0.20	0.25	0.30
正常叶片数目	0.44	0.37	0.32	0.28	0.25	0.25	0.23
减少叶片数目	0.44	0.37	0.32	0.26	0.22	0.21	0.17
最少叶片数目	0.59	0.50	0.45	0.41	0.37	0.34	0.31

注：当 $Re < 10^5$ 时，表中数据应乘以修正系数 k_{Re}，k_{Re} 可按表 B.0.2-5 取值。

表 B.0.2-4　带翼型导流叶片圆形弯曲风道压力损失系数 ζ_b（$\theta=90°$）

弯曲管特点	损失系数 ζ_b	图示
平滑转弯，正常叶片数目 $a=3D/t_1-1$	$\zeta_b = 0.23 k_{Re} + 1.28\lambda$	
平滑转弯，减少叶片数目 $a=2D/t_1$	$\zeta_b = 0.15 k_{Re} + 1.28\lambda$	
转弯边缘削边，正常叶片数目 $a=3D/t_1-1$	$\zeta_b = 0.30 k_{Re} + 1.28\lambda$	
转弯边缘削边，减少叶片数目 $a=2D/t_1$	$\zeta_b = 0.23 k_{Re} + 1.28\lambda$	
转弯边缘削边，减少叶片数目（从外壁拿掉第一个和第二个叶片）	$\zeta_b = 0.21 k_{Re} + 1.28\lambda$	

注：损失系数计算式中 k_{Re} 是与雷诺数 Re 有关的参数，可按表 B.0.2-5 取值。

表 B.0.2-5　修正系数 k_{Re}

$Re \times 10^{-5}$	0.3	0.4	0.5	0.6	0.8	1.0	1.4	2.0	3.0	>6.0
k_{Re}	2.10	1.80	1.60	1.50	1.35	1.23	1.12	1.0	0.9	0.8

5　作为一种特殊的断面形式，当隧道吊顶风道（半圆锥体形）上设置导流叶片时，其压力损失系数可按图 B.0.2-4 确定。

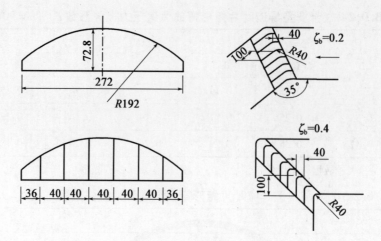

图 B.0.2-4 吊顶风道弯曲损失系数（尺寸单位：cm）

附录 C 隧道与风道的其他压力损失系数

C.0.1 缩径风道与扩径风道压力损失系数可按下列规定取值：

1 突扩与突缩风道压力损失系数以风速相对较大者为标准来定义时，可按图 C.0.1-1 取值。

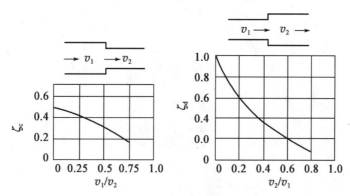

图 C.0.1-1 突变断面压力损失系数

2 渐扩与渐缩管道示意如图 C.0.1-2 和图 C.0.1-3 所示，其压力损失系数可按表 C.0.1-1、表 C.0.1-2 取值。

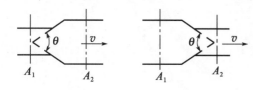

图 C.0.1-2 圆形渐变风道示意图

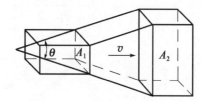

图 C.0.1-3 矩形渐扩风道示意图

表 C.0.1-1 圆形渐变风道压力损失系数

类型		ζ								
渐扩	$\zeta = k \cdot \left(\dfrac{A_2}{A_1} - 1\right)^2$	θ	8°	10°	12°	15°	20°	25°		
		k	0.14	0.16	0.22	0.30	0.42	0.62		
渐缩	$\zeta = k_1 \cdot k_2$	θ	10°	20°	40°	60°	80°	100°		
		k_1	0.40	0.25	0.20	0.20	0.30	0.40		
		A_2/A_1	0.1	0.2	0.3	0.4	0.5	0.6	0.7	0.8	0.9	1.0
		k_2	0.40	0.38	0.36	0.34	0.30	0.27	0.20	0.16	0.10	0

表 C.0.1-2　矩形渐扩风道压力损失系数

A_2/A_1	θ				
	10°	15°	20°	25°	30°
1.25	0.02	0.03	0.05	0.06	0.07
1.50	0.03	0.06	0.10	0.12	0.13
1.75	0.05	0.09	0.14	0.17	0.19
2.00	0.06	0.13	0.20	0.23	0.26
2.25	0.08	0.16	0.26	0.30	0.33
2.50	0.09	0.19	0.30	0.36	0.39

C.0.2 分流与合流段压力损失系数可按下列规定取值：

1 当为合流型时，其压力损失系数 ζ_{1-3}、ζ_{2-3} 可按表 C.0.2-1 取值。

表 C.0.2-1　合流型风道的压力损失系数

Q_1/Q_3	Q_2/Q_3	ζ_{1-3}	ζ_{2-3}	图　示
1.00	0	0.91	0.55	
0.95	0.05	0.84	0.50	
0.90	0.10	0.78	0.46	
0.85	0.15	0.71	0.42	
0.80	0.20	0.64	0.38	
0.75	0.25	0.58	0.35	
0.70	0.30	0.52	0.33	
0.65	0.35	0.46	0.31	
0.60	0.40	0.40	0.29	
0.55	0.45	0.34	0.29	
0.50	0.50	0.31	0.31	

2 当为分流型时，其压力损失系数 ζ_{1-2}、ζ_{1-3} 可按表 C.0.2-2 取值。

表 C.0.2-2　分流型风道的压力损失系数

A_2/A_1	主流的分岔压力损失系数 ζ_{1-2}									
	Q_2/Q_1									
	0.1	0.2	0.3	0.4	0.5	0.6	0.7	0.8	0.9	1.0
0.5	0.72	0.48	0.28	0.13	0.05	0.04	0.09	0.18	0.31	0.50
1.0	0.05	0.05	0.05	0.05	0.06	0.13	0.22	0.30	0.38	0.48
图示										

续表 C.0.2-2

A_3/A_1	支流的分岔压力损失系数 ζ_{1-3}									
	Q_3/Q_1									
	0.1	0.2	0.3	0.4	0.5	0.6	0.7	0.8	0.9	1.0
0.25	0.55	0.50	0.60	0.85	1.20	1.80	3.10	4.35	6.00	9.00
1.0	0.67	0.55	0.46	0.37	0.32	0.29	0.29	0.30	0.37	0.48
图示										

C.0.3 入口、出口及其他局部阻力系数可按下列规定取值：

1 入口、出口及其他局部的压力损失计算，应以管道内的平均流速 v 作为计算基础。

2 入口局部阻力系数可按表 C.0.3-1 取值。

表 C.0.3-1 入口损失系数

形 状	ζ_e	图 示
直角锐缘	0.50~0.60	
圆缘、倒角	0.03~0.05	

3 出口局部阻力系数应根据不同形式确定取值：

1）直管出口（图 C.0.3-1）：$\zeta_{ex}=1.0$；

2）90°弯头出口（图 C.0.3-1），ζ_{ex} 可按表 C.0.3-2、表 C.0.3-3 取值；

3）扩散型出口局部阻力系数可按图 C.0.3-2 取值。

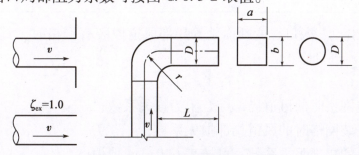

图 C.0.3-1 直管及 90°弯头出口图示

表 C.0.3-2　矩形风管 90°弯头出口局部阻力系数 ζ_{ex}

r/b	L/b									
	0	0.5	1.0	1.5	2.0	3.0	4.0	6.0	8.0	12.0
0.50	3.0	3.1	3.2	3.0	2.7	2.4	2.2	2.1	2.1	2.0
0.75	2.2	2.2	2.1	1.8	1.7	1.6	1.6	1.5	1.5	1.5
1.00	1.8	1.5	1.4	1.4	1.3	1.3	1.2	1.2	1.2	1.2
1.50	1.5	1.2	1.1	1.1	1.1	1.1	1.1	1.1	1.1	1.1
2.50	1.2	1.1	1.1	1.0	1.0	1.0	1.0	1.0	1.0	1.0

表 C.0.3-3　圆形风管 90°弯头出口局部阻力系数 ζ_{ex}

r/D	0	0.28	0.5	1.0
ζ_e	3.0	1.9	1.6	1.4

4　对于装有网格（图 C.0.3-3）的矩形或圆形风道压力损失系数可按表 C.0.3-4 取值，表中 n 可按式（C.0.3-1）计算。

$$n = A'_0/A_0 \quad (C.0.3\text{-}1)$$

式中：n——网格的过风面积比；

A'_0——网格的有效面积（mm^2）；

A_0——风道断面积（mm^2）。

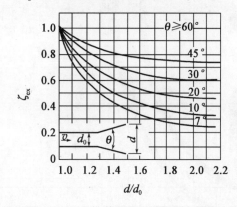

图 C.0.3-2　扩散型出口局部阻力系数

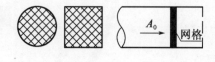

图 C.0.3-3　风道中网格图示

表 C.0.3-4　装有网格的风道压力损失系数 ζ_0

n	0.30	0.40	0.50	0.55	0.60	0.65	0.70	0.75	0.80	0.90	1.0
ζ_0	6.20	3.00	1.70	1.30	0.97	0.75	0.58	0.44	0.32	0.14	0

5　当在风道出口、入口、变断面处等局部风道段装有网格时，其局部阻力系数 ζ_b 应按式（C.0.3-2）进行修正。

$$\zeta_b = \zeta'_b + \zeta_0 \quad (C.0.3\text{-}2)$$

式中：ζ_b——安装网格时的风道局部综合阻力损失系数；

ζ'_b——未安装网格时的风道局部损失系数；

ζ_0——网格的局部阻力系数，可按表 C.0.3-4 取值。

附录 D 流体力学中常用单位及单位换算

D.0.1 常用单位

单位类别	量	名 称	代 号 中 文	代 号 字 母
基本单位	长度	米	米	m
基本单位	时间	秒	秒	s
基本单位	质量	千克	千克	kg
导出单位	力	牛顿	牛	N
导出单位	密度	千克每立方米	千克/米^3	kg/m^3
导出单位	重度	牛顿每立方米	牛/米^3	N/m^3

D.0.2 单位换算

1 力单位换算

单 位	牛顿（N）	千克力（kgf）	磅力（lbf）	达因（dyn）
牛顿（N）	1	0.102	0.225	10^5
千克力（kgf）	9.807	1	2.21	9.8×10^5
磅力（lbf）	4.45	0.454	1	4.45×10^5
达因（dyn）	10^{-5}	1.02×10^{-6}	2.25×10^{-6}	1

2 质量单位换算

单 位	吨（t）	千克（kg）	英吨（UKton）	磅（lb）
吨（t）	1	1 000	0.984 2	2 205
千克（kg）	0.001	1	9.842×10^{-4}	2.205
英吨（UKton）	1.016 1	1 016.1	1	2 240.5
磅（lb）	4.535×10^{-4}	0.454	4.463×10^{-4}	1

3 功率单位换算

单 位	瓦（W）	千克力·米/秒（kgf·m/s）	卡/秒（cal/s）	马力（PS）
瓦（W）	1	9.807	0.238 8	1.36×10^{-3}
千克力·米/秒（kgf·m/s）	0.101 97	1	0.024 3	1.39×10^{-4}
卡/秒（cal/s）	4.187	41.058	1	5.69×10^{-3}
马力（PS）	735.5	7 212.8	175.64	1

4 压力单位换算

单 位	牛/米²（N/m²）（Pa）	巴（bar）	工程大气压（at）	标准大气压（atm）	毫米汞柱（mmHg）	毫米水柱（mmH$_2$O）
牛/米²（N/m²）（Pa）	1	10^{-5}	1.02×10^{-5}	9.87×10^{-6}	7.5×10^{-3}	0.102
巴（bar）	10^5	1	1.02	0.987	75	10 200
工程大气压（at）	98 067	0.98	1	0.967 8	735.6	10^4
标准大气压（atm）	101 325	1.013 25	1.033	1	760	10 332
毫米汞柱（mmHg）	133.32	133.32×10^{-5}	1.36×10^{-3}	1.32×10^{-3}	1	13.6
毫米水柱（mmH$_2$O）	9.807	9.807×10^{-5}	10^{-4}	9.679×10^{-5}	7.356×10^{-2}	1

附录 E 通风计算举例

简例 E-1 全射流纵向通风方式

(1) 单向交通隧道

① 计算条件

隧道长度	$L = 1\,537\text{m}$
隧道断面积	$A_r = 63.85\text{m}^2$
断面当量直径	$D_r = 8.166\text{m}$
混合车型设计高峰小时交通量	$N = 1\,984$ 辆$/\text{h}$
大型车比例	$r_l = 59\%$
设计速度	$v_t = 60\text{km/h} = 16.67\text{m/s}$
自然风引起的洞内风速	$v_n = 2.5\text{m/s}$
设计风量	$Q_r = 450\text{m}^3/\text{s}$
通风计算风速	$v_r = 450/63.85 = 7.05\text{m/s}$

② 隧道内所需升压力

$$\Delta p = \Delta p_r + \Delta p_m - \Delta p_t$$

由式 (7.4.1-1) ~ 式 (7.4.1-3) 得：

$$\Delta p_r = \left(1 + \zeta_e + \lambda_r \cdot \frac{L}{D_r}\right) \cdot \frac{\rho}{2} \cdot v_r^2$$

$$= \left(1 + 0.6 + 0.025 \times \frac{1\,537}{8.17}\right) \times 0.6 \times 7.05^2$$

$$= 187.97\text{N/m}^2$$

由式 (7.2.2)，并设 $v_n = 2.5\text{m/s}$：

$$\Delta p_m = \left(1 + \zeta_e + \lambda_r \cdot \frac{L}{D_r}\right) \cdot \frac{\rho}{2} \cdot v_n^2$$

$$= \left(1 + 0.6 + 0.025 \times \frac{1\,537}{8.17}\right) \times 0.6 \times 2.5^2$$

$$= 23.64\text{N/m}^2$$

由式 (7.3.2) 得：

$$\Delta p_t = \frac{A_m}{A_r} \cdot \frac{\rho}{2} \cdot n_C \cdot (v_t - v_r)^2$$

$$= \frac{3.6}{63.85} \times 0.6 \times 50.82 \times (16.67 - 7.05)^2$$

$$= 159.04 \text{N/m}^2$$
$$\Delta p = 187.97 + 23.64 - 159.04$$
$$= 52.57 \text{N/m}^2$$

③ 900 型射流风机所需台数

900 型射流风机每台的升压力 Δp_j 为:

$$\Delta p_j = \rho \cdot v_j^2 \cdot \frac{A_j}{A_r} \cdot \left(1 - \frac{v_r}{v_j}\right) \cdot \eta$$

$$= 1.2 \times 25^2 \times \frac{0.636}{63.85} \times \left(1 - \frac{7.05}{25}\right) \times 0.85$$

$$= 4.56 \text{N/m}^2$$

则
$$i = \frac{\Delta p}{\Delta p_j} = \frac{52.57}{4.56} = 11.5 \approx 12 \text{ 台}$$

合计需要 12 台射流风机，按 6 组布置。

④ 1120 型射流风机所需台数

1120 型射流风机每台的升压力 Δp_j 为:

$$\Delta p_j = \rho \cdot v_j^2 \cdot \frac{A_j}{A_r} \cdot \left(1 - \frac{v_r}{v_j}\right) \cdot \eta$$

$$= 1.2 \times 30^2 \times \frac{0.98}{63.85} \times \left(1 - \frac{7.05}{30}\right) \times 0.85$$

$$= 10.78 \text{N/m}^2$$

则
$$i = \frac{\Delta p}{\Delta p_j} = \frac{52.57}{10.78} = 4.9 \approx 5 \text{ 台}$$

合计需要 6 台 1120 型射流风机，按 3 组布置。

(2) 双向交通隧道

① 计算条件

除按（1）单向交通隧道中所示的有关计算条件外，另附加以下条件:

混合车型设计高峰小时交通量　　$N = 759$ 辆/h
上行方向交通量的方向分布系数　　$D = 60\%$
设计速度　　$v_t = 40 \text{km/h} = 11.11 \text{m/s}$
自然风引起的洞内风速　　$v_n = 1.5 \text{m/s}$
设计风量　　$Q_r = 172 \text{m}^3/\text{s}$
通风计算风速　　$v_r = 172/63.85 = 2.69 \text{m/s}$

② 隧道内所需升压力

按射流风机喷流方向与主交通流方向一致考虑。

$$\Delta p_r = \left(1 + \zeta_e + \lambda_r \cdot \frac{L}{D_r}\right) \cdot \frac{\rho}{2} \cdot v_r^2$$

$$= \left(1 + 0.6 + 0.025 \times \frac{1\,537}{8.17}\right) \times 0.6 \times 2.69^2$$

$$= 27.37 \text{N/m}^2$$

$$\Delta p_\text{m} = \left(1 + \zeta_\text{e} + \lambda_\text{r} \cdot \frac{L}{D_\text{r}}\right) \cdot \frac{\rho}{2} \cdot v_\text{n}^2$$

$$= \left(1 + 0.6 + 0.025 \times \frac{1\,537}{8.17}\right) \times 0.6 \times 1.5^2$$

$$= 8.51 \text{N/m}^2$$

$$\Delta p_\text{t} = \frac{A_\text{m}}{A_\text{r}} \cdot \frac{\rho}{2} \cdot n_+ \cdot (v_\text{t} + v_\text{r})^2 - \frac{A_\text{m}}{A_\text{r}} \cdot \frac{\rho}{2} \cdot n_- \cdot (v_\text{t} - v_\text{r})^2$$

上行方向的车辆数 n_+ 为：

$$n_+ = \frac{759 \times 60\% \times 1\,537}{3\,600 \times 11.11} = 17.5 \text{ 辆}$$

下行方向的车辆数 n_- 为：

$$n_- = \frac{759 \times (1 - 60\%) \times 1\,537}{3\,600 \times 11.11} = 11.67 \text{ 辆}$$

设 $A_{\text{m}+} = A_{\text{m}-}$，则：

$$\Delta p_\text{t} = \frac{3.6}{63.85} \times \frac{1.2}{2}[17.5 \times (11.11 - 2.69)^2 - 11.67 \times (11.11 + 2.69)^2]$$

$$= -84.75 \text{N/m}^2$$

根据以上计算结果，有：

$$\Delta p = \Delta p_\text{r} + \Delta p_\text{m} - \Delta p_\text{t} = 27.37 + 8.51 - (-84.75) = 120.63 \text{N/m}^2$$

③射流风机所需台数的计算

按单向交通隧道方法计算，则对于900型风机：

$$\Delta p_\text{j} = 5.67 \text{N/m}^2$$

$$i = \frac{\Delta p}{\Delta p_\text{j}} = \frac{120.63}{5.67} = 21.3 \approx 22 \text{ 台}$$

按11组22台布置。

对于1120型风机，则：

$$\Delta p_\text{j} = 12.83 \text{N/m}^2$$

$$i = \frac{\Delta p}{\Delta p_\text{j}} = \frac{120.63}{12.83} = 9.4 \approx 10 \text{ 台}$$

按5组10台布置。

简例 E-2　集中送入式纵向通风方式

(1) 隧道条件

交通方向　　　　　　　　　单向交通
隧道长度　　　　　　　　　$L = 2\,150 \text{m}$
隧道断面积　　　　　　　　$A_\text{r} = 63.85 \text{m}^2$
断面当量直径　　　　　　　$D_\text{r} = 8.17 \text{m}$

混合车型设计高峰小时交通量　　　$N = 2\,480$ 辆/h

大型车比例　　　　　　　　　　　$r_l = 0.3$ ($A_m = 2.3\text{m}^2$)

通风计算风速　　　　　　　　　　$v_t = 60\text{km/h} = 16.67\text{m/s}$

设计风量　　　　　　　　　　　　$Q_r = 490\text{m}^3/\text{s}$

集中送风设施如图 E-1 所示。

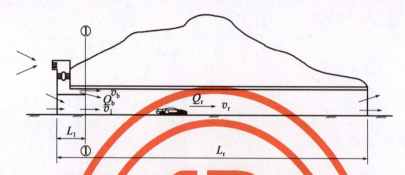

图 E-1　集中送入式通风方式的隧道概况图

(2) 隧道内所需升压力 Δp

$$\Delta p = \left(\zeta_e + \lambda_r \cdot \frac{L_1}{D_1}\right) \cdot \frac{\rho}{2} \cdot v_1^2 + \left(1 + \lambda_r \cdot \frac{L - L_1}{D_r}\right) \cdot \frac{\rho}{2} \cdot v_r^2 - \Delta p_t + \Delta p_m$$

$$v_1 = \frac{Q_r - Q_b}{A_r - A_b}$$

这里，为了简化，设 $L_1 = 0$，并假定 $v_1 = 0.5 v_r$，则得下式：

$$\Delta p = \left(\frac{1}{4}\zeta_e + 1 + \lambda_r \cdot \frac{L}{D_r}\right) \cdot \frac{\rho}{2} \cdot v_r^2 - \Delta p_t + \Delta p_m$$

$$v_r = \frac{490}{63.85} = 7.67\text{m/s}$$

$$\frac{\rho}{2} \cdot v_r^2 = 0.6 \times 7.67^2 = 35.3\text{N/m}^2$$

$$\Delta p_r = \left(\frac{1}{4}\zeta_e + 1 + \lambda_r \cdot \frac{L}{D_r}\right) \cdot \frac{\rho}{2} \cdot v_r^2$$

$$= \left(\frac{1}{4} \times 0.6 + 1 + 0.025 \times \frac{2\,150}{8.17}\right) \times 35.3 = 272.83\text{N/m}^2$$

$$\Delta p_t = \frac{A_m}{A_r} \cdot n \cdot \frac{\rho}{2} \cdot (v_t - v_r)^2$$

其中：$A_m = 2.3\text{m}^2$；$n_C = \dfrac{2\,480 \times 2\,150}{3\,600 \times 16.67} = 88.85$。

$$\Delta p_t = \frac{2.3}{63.85} \times 88.85 \times 0.6 \times (16.67 - 7.67)^2$$

$$= 155.55\text{N/m}^2$$

$$\Delta p_m = \left(1 + \zeta_e + \lambda_r \cdot \frac{L}{D_r}\right) \cdot \frac{\rho}{2} \cdot v_n^2$$

设 $v_n = 2.8 \text{m/s}$

$$\Delta p_m = \left(1 + 0.6 + 0.025 \times \frac{2150}{8.17}\right) \times 0.6 \times 2.8^2 = 38.47 \text{N/m}^2$$

$$\Delta p = 272.83 - 155.55 + 38.47 = 155.75 \text{N/m}^2$$

(3) 送风机风量 Q_b、送风口喷出风速 v_b 和送风口面积 A_b

本例取送风口面积 $A_b = 12\text{m}^2$，并认为送风口面积大小对送风口土建结构造价影响不大。设送风口喷流方向与隧道轴方向夹角 β 为 $0°$，取 $\cos\beta = 1.0$、$K_b = 0.9$。

① 计算风速 v_b （取送风口面积为 12m^2）

重写式 (7.6.3)，即：

$$\Delta p_b = 2\left(\frac{Q_b}{Q_r}\right)\left[\frac{K_b \cdot v_b \cdot \cos\beta}{v_r} - 2 + \left(\frac{Q_b}{Q_r}\right)\right] \cdot \frac{\rho}{2} \cdot v_r^2$$

本例中有 $\Delta p_b = \Delta p$，并设 $f = \frac{A_r}{A_b} \cdot K_b \cdot \cos\beta$，则有：

$$\Delta p = \left(\frac{Q_b}{Q_r}\right) \cdot \left[f \cdot \left(\frac{Q_b}{Q_r}\right) - 2 + \left(\frac{Q_b}{Q_r}\right)\right] \cdot \rho \cdot v_r^2$$

移项得：

$$(1+f) \times \left(\frac{Q_b}{Q_r}\right)^2 - 2 \times \left(\frac{Q_b}{Q_r}\right) - \frac{\Delta p}{\rho \cdot v_r^2} = 0$$

上式为 (Q_b/Q_r) 的 2 次方程。

由 $\dfrac{\Delta p}{\rho \cdot v_r^2} = \dfrac{155.75}{1.2 \times 7.67^2} = 2.21$

及 $f = \dfrac{A_r}{A_b} \cdot K_b \cdot \cos\beta = \dfrac{63.85}{12} \times 0.9 \times 1.0 = 4.79$

解出 $Q_b/Q_r = 0.816$，所以

$$Q_b = Q_r \times 0.816 = 490 \times 0.816 \approx 400 \text{m}^3/\text{s}$$

【验算 $v_1 = \dfrac{490 - 400}{63.85 - 12} = 1.74 \text{m/s} < \dfrac{1}{2} \times 7.67 \text{m/s}$

$$\zeta_e \cdot \frac{\rho}{2} \cdot v_1^2 = 0.6 \times 0.6 \times 1.74^2 = 1.09 \text{N/m}^2$$

因此，$v_1 = 0.5 v_r$ 的假定是偏安全的，可以不再作试算。】

② 计算送风口面积（取送风口风速为 30m/s）

在 $\Delta p_b = \Delta p = 2\left(\dfrac{Q_b}{Q_r}\right)\left[\dfrac{K_b \cdot v_b \cdot \cos\beta}{v_r} - 2 + \left(\dfrac{Q_b}{Q_r}\right)\right] \cdot \dfrac{\rho}{2} \cdot v_r^2$ 中，

$v_b = 30 \text{m/s}$ 时，由

$$\frac{K_b \cdot v_b \cdot \cos\beta}{v_r} = \frac{0.9 \times 30 \times 1.0}{7.67} = 3.52$$

$$\frac{\Delta p}{\frac{\rho}{2} \cdot v_r^2} = \frac{155.75}{0.6 \times 7.67^2} = 4.41$$

可得 $\left(\frac{Q_b}{Q_r}\right)^2 + 1.52\left(\frac{Q_b}{Q_r}\right) - \frac{4.41}{2} = 0$

解出 $Q_b/Q_r = 0.908$，$Q_b = 490 \times 0.908 = 444.92 \text{m}^3/\text{s}$

$$A_b = Q_b/v_j = 444.92/30 = 14.83 \text{m}^2$$

【检验 $v_1 = \frac{490 - 444.92}{63.85 - 14.83} = 0.92 \text{m/s} < \frac{1}{2} \times 7.67 \text{m/s}$

因此，$v_1 = 0.5 v_r$ 的假定是偏安全的，可以不再作验算。】

（4）送风机动力设计

在第（3）条所示的计算分析基础上，对其动力费和工程建设费（如风机设备、风塔、风道等）作比较分析，确定出最好的送风设备。

重写式（7.6.5-3），并设 Δp_d 为 300N/m^2，则：

对于第（3）条①的情况（$Q_b = 400 \text{m}^3/\text{s}$，$v_b = 33.33 \text{m/s}$），

$$p_{tot} = 1.1 \times \left(\frac{\rho}{2} \cdot v_b^2 + \Delta p_d\right) = 1.1 \times (0.6 \times 33.33^2 + 300) = 1\,063.19 \text{N/m}^2$$

轴流风机的全压输出功率为：

$$S_{th} = \frac{Q_b \times p_{tot}}{1\,000} = \frac{399 \times 1\,063.19}{1\,000} = 425.3 \text{kW}$$

若设送风机效率 $\eta_f = 0.8$，则送风机的全压输入功率 S_{kw} 为：

$$S_{kw} = \frac{S_{th}}{\eta_f} = \frac{425.3}{0.8} = 531.6 \text{kW}$$

对于第（3）条②的情况（$Q_b = 444.92 \text{m}^3/\text{s}$，$v_b = 30 \text{m/s}$），

$$p_{tot} = 1.1 \times \left(\frac{\rho}{2} \cdot v_b^2 + \Delta p_d\right) = 1.1 \times (0.6 \times 30^2 + 300) = 924 \text{N/m}^2$$

$$S_{kw} = \frac{444.92 \times 924}{1\,000 \times 0.8} = 513.9 \text{kW}$$

由以上计算可以看出，在本例中所需动力费没有多少差异，因此工程建设费就成为经济比选的主要因素。

简例 E-3　通风井送排式纵向通风方式

（考虑 1 座通风井的情况）

（1）隧道条件

交通方向　　　　　　　　单向交通

隧道长度　　　　　　　　$L = 4\,100 \text{m}$（$L_1 = 2\,000 \text{m}$，$L_2 = 2\,100 \text{m}$）

隧道断面积　　　　　　　$A_r = 66.04 \text{m}^2$

断面当量直径　　　　　　$D_r = 8.25 \text{m}$

混合车型设计高峰小时交通量　$N = 1\,850$ 辆/h

大型车比例　　　　　　　　$r_l = 55\%$　（$A_m = 3.43\text{m}^2$）

柴油车比例　　　　　　　　$r_d = 28\%$

通风计算风速　　　　　　　$v_t = 80\text{km/h} = 22.22\text{m/s}$

隧道需风量　　　　　　　　$Q_{\text{req}} = 756\text{m}^3/\text{s}$（$Q_{\text{reqⅠ}} = 396$，$Q_{\text{reqⅡ}} = 360$）

自然风引起的洞内风速　　　$v_n = 1.5\text{m/s}$

（2）送、排风量、浓度、升压力及设计风速

由

$$Q_b = Q_{\text{req}} - Q_{r1} + Q_e \cdot \left(\frac{Q_{r1} - Q_{\text{req1}}}{Q_{r1}}\right)$$

$$\Delta p_e = 2 \cdot \frac{Q_e}{Q_{r1}} \cdot \left(2 - \frac{v_e \cdot \cos\alpha}{v_{r1}} - \frac{Q_e}{Q_{r1}}\right) \cdot \frac{\rho}{2} \cdot v_{r1}^2$$

$$\Delta p_b = 2 \cdot \frac{Q_b}{Q_{r2}} \cdot \left(\frac{K_b \cdot v_b \cdot \cos\beta}{v_{r2}} - 2 + \frac{Q_b}{Q_{r2}}\right) \cdot \frac{\rho}{2} \cdot v_{r2}^2$$

并取 $v_b = 28\text{m/s}$，$v_e = 6\text{m/s}$，$\beta = 0°$（$\cos\beta = 1.0$），$K_b = 1.0$，$K_e = 0.9$，按表 E-1 所列计算（需分别列表进行试算）。

表 E-1　升压力 Δp_e、Δp_b 的计算（取 $Q_e = 340\text{m}^3/\text{s}$）

						备注
v_{r1}	6.0	6.5	7.0	7.5	8.0	
Q_{r1}	396	429	462	495	528	
$\rho/2 \cdot v_{r1}^2$	22.03	25.86	29.99	34.43	39.17	
v_e/v_{r1}	1.0	0.923	0.857	0.80	0.75	
Q_e/Q_{r1}	0.859	0.793	0.736	0.687	0.644	
Δp_e	9.12	15.43	21.75	28.05	34.36	
Q_b	360	358	351	340	327	$Q_{r2} = Q_b - Q_e + Q_{r1}$
Q_{r2}	416	447	473	495	515	$v_{r2} = Q_{r2}/A_r$
v_{r2}	6.302	6.769	7.162	7.495	7.800	
$\rho/2 \cdot v_{r2}^2$	24.31	28.04	31.39	34.38	37.24	
v_b/v_{r2}	4.443	4.136	3.909	3.736	3.59	
Q_b/Q_{r2}	0.865	0.801	0.742	0.687	0.635	
Δp_b	139.1	131.9	123.5	114.4	105.2	

通过分析可确定如下诸量：

$$Q_e = 340\text{m}^3/\text{s};\quad Q_{r1} = 396\text{m}^3/\text{s};\quad v_{r1} = 6.0\text{m/s}$$

$$Q_b = 360\text{m}^3/\text{s};\quad Q_{r2} = 416\text{m}^3/\text{s};\quad v_{r2} = 6.3\text{m/s}$$

$\Delta p_b + \Delta p_e = 139.1 + 9.12 = 148.22\text{N/m}^2$（送排风口提供的升压力），

并验算：

$$C_2 = \frac{Q_{\text{req1}}}{Q_{r1}} = \frac{396}{396} = 1.0$$

$$C_3 = \frac{Q_{req2}}{Q_{r1} - Q_e - Q_{req1} + \frac{Q_e \cdot Q_{req1}}{Q_{r1}} + Q_b} = 1.0$$

$$\frac{Q_e}{Q_{r1}} = 0.859 < 1.0; \quad \frac{Q_b}{Q_{r2}} = 0.865 < 1.0$$

∴ 满足条件。

$$Q_s = Q_{r1} - Q_e = 396 - 340 = 56 \text{m}^3/\text{s}$$

$$v_{rs} = \frac{Q_s}{A_r} = \frac{56}{66.04} = 0.85 \text{m/s}$$

即短道内气流存在低速流动。

(3) 隧道内所需压力 Δp

隧道内所需压力 Δp 应为Ⅰ段和Ⅱ段所需压力之和，即：

$$\Delta p = \Delta p_r - \Delta p_t + \Delta p_m$$
$$= (\Delta p_{r1} + \Delta p_{r2}) - (\Delta p_{t1} + \Delta p_{t2}) + \Delta p_m$$

计算通风阻抗力 Δp_r 时，对于Ⅰ段，出口流量损失为零；对于Ⅱ段，入口压力损失为零，并考虑通风井分岔损失，取分岔损失系数 $\zeta_{分岔} = 0.28$。计算汽车交通力 Δp_t 时，考虑不利情况，偏于安全，取 $v_t = 50 \text{km/h} = 13.89 \text{m/s}$。计算自然风阻力 Δp_m 时，送风口损失系数取 $\zeta_{合流} = 0.7$，自然风引起的洞内风速取 $v_n = 1.5 \text{m/s}$。

$$\Delta p_{r1} = \left(\zeta_{入口} + \lambda \cdot \frac{L_1}{D_r}\right) \cdot \frac{\rho}{2} \cdot v_{r1}^2 + \zeta_{分岔} \cdot \frac{\rho}{2} \cdot v_{r1}^2$$
$$= \left(0.28 + 0.6 + 0.0255 \times \frac{2000}{8.25}\right) \times 0.6 \times 6.0^2 = 155.6 \text{N/m}^2$$

$$\Delta p_{r2} = \left(1 + \lambda \cdot \frac{L_2}{D_r}\right) \cdot \frac{\rho}{2} \cdot v_{r2}^2 + \zeta_{合流} \cdot \frac{\rho}{2} \cdot v_{r2}^2$$
$$= \left(1 + 0.7 + 0.0255 \times \frac{2100}{8.25}\right) \times 0.6 \times 6.3^2 = 199.0 \text{N/m}^2$$

$$\Delta p_{t1} = \frac{A_m}{A_r} \cdot \frac{\rho}{2} \cdot n_{C1} \cdot (v_t - v_{r1})^2$$
$$= \frac{3.43}{66.04} \times 0.6 \times \frac{1850 \times 2000}{3600 \times 13.89} \times (13.89 - 6.0)^2$$
$$= 122.0 \text{N/m}^2$$

$$\Delta p_{t2} = \frac{A_m}{A_r} \cdot \frac{\rho}{2} \cdot n_{C2} \cdot (v_t - v_{r2})^2$$
$$= \frac{3.43}{66.04} \times 0.6 \times \frac{1850 \times 2100}{3600 \times 13.89} \times (13.89 - 6.3)^2$$
$$= 118.5 \text{N/m}^2$$

$$\Delta p_m = \left(1 + \zeta_{入口} + \zeta_{合流} + \zeta_{分岔} + \lambda \cdot \frac{L}{D_r}\right) \cdot \frac{\rho}{2} \cdot v_n^2$$

$$= \left(1 + 0.6 + 0.7 + 0.28 + 0.025\ 5 \times \frac{4\ 100}{8.25}\right) \times 0.6 \times 1.5^2$$
$$= 21.0 \text{N/m}^2$$

隧道内所需压力 Δp 即为：
$$\Delta p = 155.6 + 199.0 - 122.0 - 118.5 + 21.0 = 135.1 \text{N/m}^2$$
$$\Delta p_b + \Delta p_e = 148.22 \text{N/m}^2 > \Delta p_r - \Delta p_t + \Delta p_m = 135.1 \text{N/m}^2$$

故满足压力条件。

(4) 送风口与排风口断面积、短道长度

根据工程经验，送风口断面积宜取 $A_b = 12 \text{m}^2$ 左右，排风口断面积不应大于隧道主洞断面积。

由前面的计算结果可得：
$$A_b = \frac{Q_b}{v_b} = \frac{360}{28} = 12.8 \text{m}^2; \qquad A_e = \frac{Q_e}{v_e} = \frac{340}{6} = 56.7 \text{m}^2$$

满足要求。

短道长度从防止回流方面考虑，不应过短；从防止短道污染方面考虑，不宜过长，再综合考虑其他因素（如土建结构、风压沿程损失等问题），本例取短道长度 $L_D = 56\text{m}$，并取 $q_{VI} = 2.5 \text{m}^2/(\text{辆}\cdot\text{km})$，$K = 0.007$，$f_{iv} = 1.3$，则：

$$q_0 = \frac{q_{VI}}{3\ 600 K} = 0.099\ 2 \text{m}^3/\text{s}$$
$$Q_{\text{req/s}} = q_0 \cdot N \cdot ds \cdot f_{iv} = 0.099\ 2 \times 1\ 850 \times 0.056 \times 1.3$$
$$= 13.36 \text{m}^3/\text{s}$$
$$C_2 = \frac{Q_{\text{req/s}}}{Q_s} = \frac{13.36}{56} = 0.24$$

本例浓度分布如图 E-2 所示（本例计算忽略了短道内的浓度变化）。

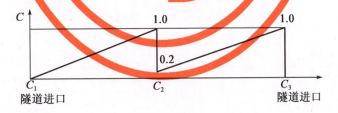

图 E-2 浓度分布

简例 E-4　通风井送排式与射流风机组合通风方式

(1) 隧道条件

交通方向　　　　　　　　　　单向交通

隧道长度　　　　　　　　　　$L = 3\ 922\text{m}$（$L_1 = 1\ 972\text{m}$，$L_2 = 1\ 950\text{m}$）

隧道断面积　　　　　　　　　$A_r = 59.5 \text{m}^2$

断面当量直径　　　　　　　　$D_r = 7.79\text{m}$

混合车型设计高峰小时交通量	$N = 1\,656$ 辆/h
大型车比例	$r_l = 70\%$ ($A_m = 4.08\text{m}^2$)
柴油车比例	$r_d = 42\%$
通风计算风速	$v_t = 60\text{km/h} = 16.67\text{m/s}$
需风量	$Q_{req} = 700.08\text{m}^3/\text{s}$ ($Q_{req1} = 339.91$, $Q_{req2} = 360.17$)
自然风引起的洞内风速	$v_n = 1.0\text{m/s}$

(2) 送、排风量、浓度、升压力及设计风速

由

$$Q_b = Q_{req} - Q_{r1} + Q_e \cdot \left(\frac{Q_{r1} - Q_{req1}}{Q_{r1}}\right)$$

$$\Delta p_e = 2 \cdot \frac{Q_e}{Q_{r1}} \cdot \left(2 - \frac{K_e \cdot v_e}{v_{r1}} - \frac{Q_e}{Q_{r1}}\right) \cdot \frac{\rho}{2} \cdot v_{r1}^2$$

$$\Delta p_b = 2 \cdot \frac{Q_b}{Q_{r2}} \cdot \left(\frac{K_b \cdot v_b \cdot \cos\beta}{v_{r2}} - 2 + \frac{Q_b}{Q_{r2}}\right) \cdot \frac{\rho}{2} \cdot v_{r2}^2$$

并取 $v_b = 28\text{m/s}$, $v_e = 6\text{m/s}$, $\beta = 0°$ ($\cos\beta = 1.0$), $K_b = 1.0$, $K_e = 0.9$, 按表 E-2 所列计算（需分别列表进行试算）。

表 E-2 升压力 Δp_e、Δp_b 的计算（取 $Q_e = 280\text{m}^3/\text{s}$）

v_{r1}	5.0	5.5	6.0	6.5	7.0	7.5
Q_{r1}	297.5	327.2	357.0	386.8	416.5	446.3
$\rho/2 \cdot v_{r1}^2$	15.00	18.15	21.60	25.35	29.4	33.75
v_e/v_{r1}	1.20	1.09	1.0	0.92	0.86	0.80
Q_e/Q_{r1}	0.941	0.856	0.784	0.724	0.672	0.627
Δp_e	-0.593	5.039	10.703	16.343	21.992	29.130
Q_b	362.7	362	356.5	347.2	335.1	320.5
Q_{r2}	380.2	409.2	433.5	454	471.6	486.8
v_{r2}	6.39	6.88	7.29	7.63	7.93	8.18
$\rho/2 \cdot v_{r2}^2$	24.50	28.40	31.89	34.93	37.73	40.15
v_b/v_{r2}	4.38	4.07	3.84	3.67	3.53	3.42
Q_b/Q_{r2}	0.954	0.885	0.822	0.765	0.711	0.658
Δp_b	155.85	148.54	139.56	130.13	120.23	109.80
$\Delta p_b + \Delta p_e$	155.26	153.58	150.26	146.47	142.22	138.93

通过分析可确定如下诸量：

$$Q_e = 280.0\text{m}^3/\text{s}; \quad Q_{r1} = 357.0\text{m}^3/\text{s}; \quad v_{r1} = 6.0\text{m/s}$$

$$Q_b = 356.48\text{m}^3/\text{s}; \quad Q_{r2} = 433.48\text{m}^3/\text{s}; \quad v_{r2} = 7.29\text{m/s}$$

$\Delta p_b + \Delta p_e = 139.56 + 10.70 = 150.26\text{N/m}^2$（送排风口提供的升压力），

并验算：

$$C_2 = \frac{Q_{req1}}{Q_{r1}} = \frac{339.91}{357.0} = 0.952 < 1.0$$

$$C_3 = \frac{Q_{req2}}{Q_{r1} - Q_e - Q_{req1} + \dfrac{Q_e \cdot Q_{req1}}{Q_{r1}} + Q_b} = \frac{360.17}{360.17} = 1.0$$

$$\frac{Q_e}{Q_{r1}} = \frac{280}{357.0} = 0.784 < 1.0; \quad \frac{Q_b}{Q_{r2}} = \frac{356.48}{433.48} = 0.822 < 1.0$$

∴ 满足条件。

$$Q_s = Q_{r1} - Q_e = 357.0 - 280.0 = 77.0 \, \text{m}^3/\text{s}$$

$$v_{rs} = \frac{Q_s}{A_r} = \frac{77.0}{59.5} = 1.29 \, \text{m/s}$$

(3) 隧道内所需压力 Δp

隧道内所需压力 Δp 应为 Ⅰ 段和 Ⅱ 段所需压力之和，即：

$$\Delta p = \Delta p_r - \Delta p_t + \Delta p_m$$
$$= (\Delta p_{r1} + \Delta p_{r2}) - (\Delta p_{t1} + \Delta p_{t2}) + \Delta p_m$$

计算通风阻力 Δp_r 时，对于 Ⅰ 段，出口流量损失为零；对于 Ⅱ 段，入口流量损失为零，并考虑通风井分岔损失，取分岔损失系数 $\zeta_{分岔}=0.28$。计算汽车交通力 Δp_t 时，考虑不利情况，偏于安全，取 $v_t = 50\,\text{km/h} = 13.89\,\text{m/s}$。计算自然风阻力 Δp_m 时，送风口损失系数取 $\zeta_{合流}=0.7$，自然风引起的洞内风速取 $v_n = 1.5\,\text{m/s}$。

$$\Delta p_{r1} = \left(\zeta_{入口} + \lambda \cdot \frac{L_1}{D_r}\right) \cdot \frac{\rho}{2} \cdot v_{r1}^2 + \zeta_{分岔} \cdot \frac{\rho}{2} \cdot v_{r1}^2$$
$$= \left(0.28 + 0.6 + 0.0255 \times \frac{1972}{7.79}\right) \times 0.6 \times 6.0^2 = 155.71 \, \text{N/m}^2$$

$$\Delta p_{r2} = \left(1 + \lambda \cdot \frac{L_2}{D_r}\right) \cdot \frac{\rho}{2} \cdot v_{r2}^2 + \zeta_{合流} \cdot \frac{\rho}{2} \cdot v_{r2}^2$$
$$= \left(1 + 0.7 + 0.0255 \times \frac{1950}{7.79}\right) \times 0.6 \times 7.29^2 = 253.75 \, \text{N/m}^2$$

$$\Delta p_{t1} = \frac{A_m}{A_r} \cdot \frac{\rho}{2} \cdot n_1 \cdot (v_t - v_{r1})^2$$
$$= \frac{4.08}{59.5} \times 0.6 \times \frac{1656 \times 1972}{3600 \times 13.89} \times (13.89 - 6.0)^2 = 166.42 \, \text{N/m}^2$$

$$\Delta p_{t2} = \frac{A_m}{A_r} \cdot \frac{\rho}{2} \cdot n_2 \cdot (v_t - v_{r2})^2$$
$$= \frac{4.08}{59.5} \times 0.6 \times \frac{1656 \times 1950}{3600 \times 13.89} \times (13.89 - 7.29)^2$$
$$= 115.16 \, \text{N/m}^2$$

$$\Delta p_m = \left(1 + \zeta_{入口} + \zeta_{合流} + \zeta_{分岔} + \lambda \cdot \frac{L}{D_r}\right) \cdot \frac{\rho}{2} \cdot v_n^2$$
$$= \left(1 + 0.6 + 0.7 + 0.28 + 0.0255 \times \frac{3922}{7.79}\right) \times 0.6 \times 1.0^2$$
$$= 9.10 \, \text{N/m}^2$$

隧道内所需压力 Δp 即为：

$$\Delta p = 155.71 + 253.75 - 166.42 - 115.16 + 9.10 = 191.58 \text{N/m}^2$$

$$\Delta p - (\Delta p_b + \Delta p_e) = 191.58 - (139.56 + 10.70) = 41.32 \text{N/m}^2$$

（4）通风井送排式与射流风机组合通风

选用 900 型射流风机，每台升压力为 $\Delta p_j = 3.99 \text{N/m}^2$，则所需射流风机为：

$$i = \frac{41.32}{3.99} = 10.36 \text{ 台}$$

本例的压力、风速、浓度分布如图 E-3 所示（本例计算忽略了短道内的浓度变化）。

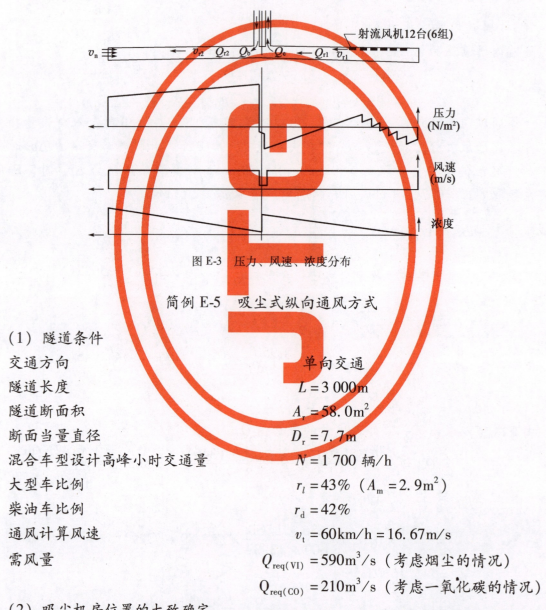

图 E-3 压力、风速、浓度分布

简例 E-5 吸尘式纵向通风方式

（1）隧道条件

交通方向	单向交通
隧道长度	$L = 3\,000\text{m}$
隧道断面积	$A_r = 58.0\text{m}^2$
断面当量直径	$D_r = 7.7\text{m}$
混合车型设计高峰小时交通量	$N = 1\,700$ 辆/h
大型车比例	$r_l = 43\%$ （$A_m = 2.9\text{m}^2$）
柴油车比例	$r_d = 42\%$
通风计算风速	$v_t = 60\text{km/h} = 16.67\text{m/s}$
需风量	$Q_{\text{req(VI)}} = 590\text{m}^3/\text{s}$ （考虑烟尘的情况）
	$Q_{\text{req(CO)}} = 210\text{m}^3/\text{s}$ （考虑一氧化碳的情况）

（2）吸尘机房位置的大致确定

因烟尘需风量 $590\text{m}^3/\text{s}$ 超过一氧化碳需风量 $210\text{m}^3/\text{s}$ 时，宜采用吸尘机。吸尘式纵向通风方式通风系统如图 E-4 所示。若第一次计算时忽略吸尘机的升压能力，并假设 $\Delta p_m = 52\text{N/m}^2$，则自洞口在风速作用下带入洞内的风量 Q_{in} 及区段长度 L_1 可按以下计算。

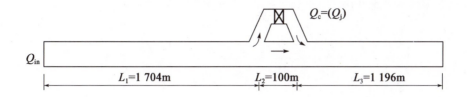

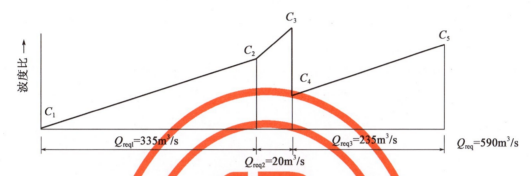

图 E-4　吸尘式纵向通风方式通风系统图例

注：此图为严格计算了吸入口中心与送风口中心距离之间的浓度变化的实例。实际上，即使有此图所示的距离，由于汽车行驶可使紊流扩散，因此不考虑短道影响的简化计算也是可以的。

将计算条件中的有关数值代入下式中：

$$\left(1 + \zeta_e + \lambda \cdot \frac{L}{D}\right)_r \cdot \frac{\rho}{2} \cdot v_r^2 - \frac{A_m}{A_r} \cdot n \cdot \frac{\rho}{2} \cdot (v_t - v_r)^2 + \Delta p_m = 0$$

整理得　　　　　　$6.804 v_r^2 - 2.549 (16.67 - v_r)^2 + 52 = 0$

计算得　　　　　　　　　　$v_r = 5.95 \text{m/s}$

$$Q_{in} = v_r \cdot A_r = 5.95 \times 58 = 345 \text{m}^3/\text{s}$$

自洞口 L_1 处需设置吸尘装置，即：

$$L_1 = \frac{345}{590} \times 3\,000 = 1\,754 \text{m}$$

（3）浓度比计算

由下式可以求出第一次处理风量的概略值 Q_c：

$$Q_c = \frac{需风量(590) - 吹入风量(345)}{VI 改善率(0.8)} = 306 \text{m}^3/\text{s}$$

这里考虑大容量吸尘装置，将吸尘机房设置于弯形隧道内，短道距离 L_2 按 100m 考虑，则各控制点的浓度比可按以下计算：

$$C_1 = 0$$

$$C_2 = \frac{Q_{req1}}{Q_{in}} = \frac{335}{345} = 0.97$$

$$C_3 = C_2 + \frac{Q_{req2}}{Q_{in} - Q_c} = 0.97 + \frac{20}{345 - 306} = 0.97 + 0.51 = 1.48$$

$$C_4 = \frac{C_2 \times Q_c (1 - \eta_{VI}) + C_3 \times (Q_{in} - Q_c)}{Q_{in}}$$

$$= \frac{0.97 \times 306 \times (1 - 0.8) + 1.48 \times (345 - 306)}{345} = 0.34$$

$$C_5 = C_4 + \frac{Q_{req3}}{Q_{in}} = 0.34 + \frac{235}{345} = 0.34 + 0.68 = 1.02$$

(4) 由吹出风量喷流效果产生的升压力估算

由吸尘装置吹出风量产生的升压力计算可按照通风井送排式纵向通风方式的情况进行，即由 $\Delta p_b = \Delta p_r - \Delta p_t + \Delta p_m$ 关系，可计算出 Q_c（$=Q_b$）与 Q_{in} 值（互为相关）。

(5) Q_{in} 与浓度分布的关系

由第（3）条所示的各浓度计算式，并变化 Q_c 值，则可求得隧道出口浓度与 Q_{in} 值的相应关系，取出口 $C_5 = 1.0$，可得相应的 Q_c 值。由此可求得各点的浓度 C 和烟尘透过率。

简例 E-6　横向通风方式

(1) 送风式半横向通风方式

① 隧道条件

交通方向	双向交通
隧道长度	$L = 2\ 160$m
拱部风道长度	$L_b = 1\ 080$m（洞口两端送风）
隧道断面积	$A_r = 42.0\text{m}^2$
隧道当量直径	$D_r = 6.0$m
混合车型设计高峰小时交通量	$N = 1\ 428$ 辆/h
通风计算风速	$v_t = 60$km/h $= 16.67$m/s
需风量	$Q_{req} = 290\text{m}^3/\text{s}$，$q_b = 290/2\ 160 = 0.134\text{m}^3/(\text{s}\cdot\text{m})$
风道断面积	$A_b = 9.0\text{m}^2$
风道当量直径	$D_b = 2.3$m
汽车等效迎风阻抗面积	$A_m = 2.8\text{m}^2$

② 风道与隧道的风压

风道始端风速 v_{bi}：

$$v_{bi} = \frac{Q}{2A_b} = \frac{290}{2 \times 9.0} = 16.11\text{m/s}$$

风道始端动压 p_b：

$$p_b = \frac{\rho}{2} \cdot v_{bi}^2 = 0.6 \times 16.11^2 = 155.72\text{N/m}^2$$

风道静压差 $p_{bi} - p_{b0}$：

$$k_b = \left(\frac{\lambda}{3} \cdot \frac{L}{D_b} - 1\right) = \frac{0.025}{3} \times \frac{1\ 080}{2.3} - 1 = 2.91$$

$$p_{bi} - p_{b0} = k_b \cdot \frac{\rho}{2} \cdot v_{bi}^2 = 2.91 \times 155.72 = 453.62\text{N/m}^2$$

送风道所需末端压力：

$$p_{b0} - p_{r0} = 150\text{N/m}^2$$

隧道风压：

$$v_r(x) = \frac{q_b}{A_r} \cdot x = \frac{0.134}{42.0} \cdot x = (3.19 \times 10^{-3}) \cdot x$$

$$\alpha = \frac{A_m}{A_r} \cdot \frac{N \cdot L}{v_t \times 3\,600} = \frac{2.8}{42} \times \frac{1\,428 \times 2\,160}{16.67 \times 3\,600} = 3.43$$

上下行交通量相等（均为50%），且$\Delta p_m = 0$时，用$x = 1\,080\text{m}$代入，则得：

$$p_{rc} - p_r(x) = \frac{\rho}{2} \cdot \left[\left(\frac{\lambda}{3} \cdot \frac{x}{D_r} + 2\right) \cdot v_r^2(x) + \alpha \cdot \frac{x}{L} \cdot v_t \cdot v_r(x)\right]$$

$$= 0.6\left[\left(\frac{0.025}{3} \times \frac{1\,080}{6.0} + 2\right) \cdot (3.19 \times 10^{-3} \times 1\,080)^2 + \right.$$

$$\left. 3.43 \times \frac{1\,080}{2\,160}(16.67 \times 3.19 \times 10^{-3} \times 1\,080)\right]$$

$$= 84.03\text{N/m}^2$$

③ 送风机所需全压

设连接风道的压力损失为p_d，送风机所需全风压p_{tot}可计算如下：

$p_{tot} = 1.1 \times$（隧道风压 + 所需末端压力 + 风道静压差 + 风道始端动压 + 连接风道损失）

$= 1.1 \times (84.03 + 150 + 453.62 + 155.72 + p_d) = 1.1 \times (843.4 + p_d)\text{N/m}^2$

(2) 全横向式通风方式

① 计算条件

隧道长度　　　　　　　　　　　　$L = 3\,200\text{m}$

送、排风道长度　　　　　　　　　$L_b = L_e = 1\,600\text{m}$（洞口两端送排风）

混合车型设计高峰小时交通量　　　$N = 2\,950$ 辆/h

通风计算风速　　　　　　　　　　$v_t = 60\text{km/h} = 16.67\text{m/s}$

需风量　　　　　　　　　　　　　$Q_{req} = 317\text{m}^3/\text{s}$（每条风道的量）

送、排风道断面积　　　　　　　　$A_b = A_e = 16\text{m}^2$

送、排风道断面当量直径　　　　　$D_b = D_e = 3.2\text{m}$

② 送风机的全风压

送风道始端风速v_{bi}：

$$v_{bi} = \frac{Q_b}{A_b} = \frac{317}{16} = 19.8\text{m/s}$$

送风道始端动压p_b：

$$p_b = \frac{\rho}{2} \cdot v_{bi}^2 = 0.6 \times 19.81^2 = 235.5\text{N/m}^2$$

送风道静压差$p_{bi} - p_{b0}$：

$$k_{\mathrm{b}} = \left(\frac{\lambda}{3} \cdot \frac{L}{D_{\mathrm{b}}} - 1\right) = \frac{0.025}{3} \times \frac{1\,600}{3.2} - 1 = 3.17$$

$$p_{\mathrm{bi}} - p_{\mathrm{b0}} = k_{\mathrm{b}} \cdot \frac{\rho}{2} \cdot v_{\mathrm{bi}}^2 = 3.17 \times 235.5 = 746.5 \mathrm{N/m^2}$$

送风道所需末端压力：

$$p_{\mathrm{b0}} - p_{\mathrm{r0}} = 150 \mathrm{N/m^2}$$

送风连接风道的压力损失 Δp_{bd}，必须根据各段风道形状及摩阻情况，由式（7.10.4-3）进行计算。

送风机所需全压：

$$p_{\mathrm{tot}} = 1.1 \times (\text{隧道风压} + \text{送风道所需端末压力} + \text{送风道静压差} +$$
$$\text{送风道始端动压} + \text{连接风压力损失})$$
$$= 1.1 \times (0 + 150 + 746.5 + 235.5 + \Delta p_{\mathrm{bd}}) = 1.1 \times (1\,132 + p_{\mathrm{bd}}) \mathrm{N/m^2}$$

③ 排风机的全风压

排风道末端风速 v_{e0}：

$$v_{\mathrm{e0}} = \frac{Q_{\mathrm{e}}}{A_{\mathrm{e}}} = \frac{317}{16} = 19.81 \mathrm{m/s}$$

排风道末端动压 p_{e}：

$$p_{\mathrm{e}} = \frac{\rho}{2} \cdot v_{\mathrm{e0}}^2 = 0.6 \times 19.81^2 = 235.5 \mathrm{N/m^2}$$

排风道静压差 $p_{\mathrm{ei}} - p_{\mathrm{e0}}$：

$$k_{\mathrm{e}} = \left(\frac{\lambda}{3} \cdot \frac{L}{D_{\mathrm{e}}} + 2\right) = \frac{0.025}{3} \times \frac{1\,600}{3.2} + 2 = 6.17$$

$$p_{\mathrm{ei}} - p_{\mathrm{e0}} = k_{\mathrm{e}} \cdot \frac{\rho}{2} \cdot v_{\mathrm{e0}}^2 = 6.17 \times 235.5 = 1\,453 \mathrm{N/m^2}$$

排风道所需始端压力：

$$p_{\mathrm{ri}} - p_{\mathrm{ei}} = 100 \mathrm{N/m^2}$$

连接风道的压力损失 p_{ed}，同样必须根据各段风道形状及摩阻情况，由式（7.10.4-3）进行计算。

排风机所需全压：

$$p_{\mathrm{tot}} = 1.1 \times (\text{排风道所需始端压力} + \text{排风道静压差} -$$
$$\text{排风道末端动压} + \text{连接风道压损失})$$
$$= 1.1 \times (100 + 1\,453 - 235.5 + \Delta p_{\mathrm{ed}}) = 1.1 \times (1\,318 + \Delta p_{\mathrm{ed}}) \mathrm{N/m^2}$$

本细则用词用语说明

1　本细则执行严格程度的用词，采用下列写法：

1）表示很严格，非这样做不可的用词，正面词采用"必须"，反面词采用"严禁"；

2）表示严格，在正常情况下均应这样做的用词，正面词采用"应"，反面词采用"不应"或"不得"；

3）表示允许稍有选择，在条件许可时首先应这样做的用词，正面词采用"宜"，反面词采用"不宜"；

4）表示有选择，在一定条件下可以这样做的用词，采用"可"。

2　引用标准的用语采用下列写法：

1）在标准总则中表述与相关标准的关系时，采用"除应符合本细则的规定外，尚应符合国家和行业现行有关标准的规定"。

2）在标准条文及其他规定中，当引用的标准为国家标准和行业标准时，表述为"应符合《×××××××》（×××）的有关规定"。

3）当引用本标准中的其他规定时，表述为"应符合本细则第×章的有关规定"、"应符合本细则第×.×节的有关规定"、"应符合本细则第×.×.×条的有关规定"或"应按本细则第×.×.×条的有关规定执行"。